LE SYSTÈME NATIONAL D'ÉCONOMIE POLITIQUE

par **FRÉDÉRIC LIST**

Traduit de l'allemand par **HENRI RICHELOT**,
CHEF DE BUREAU AU MINISTÈRE DU COMMERCE,

AVEC DEUX PRÉFACES, UNE NOTICE BIOGRAPHIQUE ET DES NOTES
PAR LE TRADUCTEUR :

Et la patrie et l'humanité !

SECONDE ÉDITION

REVUE, CORRIGÉE ET MISE AU COURANT DES FAITS ÉCONOMIQUES,

PARIS, CAPELLE, LIBRAIRE-ÉDITEUR, Rue Soufflot, 18, près le Panthéon.
1857

LIBERLOG
Editeur n° 978-2-9531251
979-10-92732-02-3

Table des matières

LIVRE TROISIEME : Les systèmes

LIVRE TROISIEME : Les systèmes

Chapitre I : Les économistes italiens

L'Italie a devancé toutes les nations modernes dans la théorie comme dans la pratique de l'économie. Le comte Pecchio a publié une histoire consciencieuse de cette branche de la littérature italienne ; le seul défaut de son livre est d'être trop servilement fidèle à la théorie régnante et de ne pas faire convenablement ressortir les causes principales de la chute de l'industrie en Italie, savoir, le manque d'unité nationale au milieu des grandes nationalités formées à l'aide de la monarchie héréditaire, puis la domination théocratique et la destruction des libertés dans les républiques et dans les villes. S'il eût mieux étudié ces causes, la véritable tendance du Prince de Machiavel lui eût difficilement échappé ; il ne se fût pas borné à mentionner en passant cet écrivain.

C'est la remarque de Pecchio, que, dans une lettre à son ami Guichardin en 1525, Machiavel avait proposé une association de toutes les puissances italiennes contre l'étranger, et que cette lettre communiquée au pape Clément VII avait puissamment concouru à la formation de la sainte Ligue en 1526 ; c'est cette remarque qui nous a conduit à imaginer que la même pensée avait inspiré le Prince. Ayant lu nous-mêmes cet ouvrage, nous y avons trouvé tout d'abord la vérification de cette conjecture. Il est évident que le Prince, composé en 1513, avait pour but de pénétrer les Médicis de cette idée, que leur maison était appelée à réunir l'Italie entière sous une seule main, et de leur indiquer les moyens d'atteindre ce but [1].

Le titre et la forme du livre, qui semble traiter du pouvoir absolu en général, ont été choisis visiblement par des motifs de prudence. Il n'y est question qu'en passant des princes héréditaires et de leur gouvernement. L'auteur n'a autre chose en vue qu'un usurpateur italien. Il faut que des principautés soient subjuguées, des dynasties renversées, la noblesse féodale abattue, la liberté des républiques anéantie. Vertus du ciel et ruses de l'enfer, prudence et audace, bravoure et perfidie, bonheur et hasard, l'usurpateur doit tout employer, tout mettre en oeuvre, tout tenter pour fonder un empire italien. Puis on lui communique un secret dont la puissance a été suffisamment éprouvée dans les trois siècles suivants ; c'est de créer une armée nationale, à laquelle une nouvelle discipline, de nouvelles armes et une nouvelle tactique assurent la victoire [2].

Si la généralité de l'argumentation laissait subsister encore quelques doutes sur le but de l'auteur, le dernier chapitre les dissiperait. Il y déclare sans détour : que les invasions étrangères et le morcellement intérieur sont les causes principales de tous les maux de l'Italie, que la maison de Médicis, entre les mains de laquelle se trouvaient la Toscane et l'État de l'Église, a reçu de la Providence mission d'accomplir le

---

1   Dans un voyage en Allemagne, entrepris pendant l'impression du présent ouvrage, l'auteur a appris que les docteurs Ranke et Gervinus avaient porté sur le Prince le même jugement, (*Note de l'auteur.*)
    - À ces témoignages, on peut ajouter l'autorité de l'historien anglais Macaulay, qui, dans un travail récent, explique Machiavel par son époque ; nous disons explique, car il y a de ces choses qui ne se justifieront jamais. (H. R.)

2   Tout ce que Machiavel a écrit avant et après le *Prince*, montre qu'il agitait de tels plans dans son esprit. Comment expliquerait-on sans cela que lui, savant, ambassadeur, fonctionnaire public, qui n'avait jamais exercé le métier des armes, se soit occupé de l'art de la guerre, à ce point que l'ouvrage qu'il a composé sur cette matière a excité l'admiration des premiers capitaines de son temps ?

                LIVRE TROISIEME : Les systèmes

grand oeuvre ; que le moment est favorable pour innover, qu'un nouveau Moïse doit surgir pour délivrer son peuple de la servitude d'Égypte ; enfin que rien ne procure à un prince plus d'autorité et de gloire que de grandes entreprises [3].

Ce qui montre que, dans les autres chapitres, la pensée de l'ouvrage doit être comprise à demi-mot, c'est le langage tenu par l'auteur dans le neuvième touchant l'État de l'Eglise. C'est ironiquement qu'il dit que les ecclésiastiques ont des terres et qu'ils ne les gouvernent pas, des seigneuries et qu'ils ne les défendent pas ; que leurs terres, les plus heureuses de toutes, sont directement protégées par la divine Providence, qu'il serait téméraire de porter à leur sujet un jugement. Il est clair qu'il a voulu ainsi, sans se compromettre, donner à entendre qu'un conquérant hardi, surtout un Médicis, dont le pape était le parent, ne rencontrerait pas sur ce terrain de grands obstacles.

Mais comment, avec les sentiments républicains de Machiavel, expliquer les conseils qu'il donne à son usurpateur concernant les républiques ? Si ce républicain zélé, ce grand penseur et ce grand écrivain, ce patriote martyr conseille à l'usurpateur futur de détruire jusque dans ses racines la liberté des républiques, ne doit-on voir chez lui que le désir de gagner les bonnes grâces du prince auquel son livre est dédié et de poursuivre des avantages personnels ?

On ne peut nier que Machiavel, à l'époque où il écrivait le Prince, était dans le besoin, qu'il était inquiet de son avenir, qu'il désirait ardemment et qu'il espérait un emploi et un secours des Médicis. Une lettre du 10 octobre 1515, qu'il adressa de sa pauvre retraite champêtre à son ami Vettori à Florence, met ce

---

3　Frédéric le Grand, dans son Anti-Machiavel, ne considère le Prince que comme un traité purement théorique sur les droits et sur les devoirs des princes en général. Il est à remarquer qu'après avoir réfuté Machiavel chapitre par chapitre, il ne mentionne même pas le vingt-sixième et dernier, qui a pour titre : Appel pour délivrer l'Italie des étrangers, et qu'il intercale un chapitre complètement étranger à l'ouvrage de Machiavel, intitulé : Des différents modes de négociation et des motifs légitimes de déclarer la guerre.

fait hors de doute.

Toutefois on a de sérieuses raisons de penser que, par cet écrit, il ne recherchait pas seulement la faveur des Médicis, qu'il ne poursuivait pas un but purement personnel, mais qu'il avait en vue l'exécution d'un plan d'usurpation, d'un plan qui n'était nullement en contradiction avec ses sentiments républicains et patriotiques, bien que la moralité de notre époque doive le réprouver comme impie. Ses ouvrages et sa correspondance diplomatique montrent qu'il connaissait à fond l'histoire de tous les États. Un regard qui plongeait si profondément dans le passé, et qui dans le présent avait tant de clairvoyance, dut aussi voir loin dans l'avenir. Une intelligence, qui, dès le commencement du seizième siècle, comprenait l'importance d'une armée nationale, dut aussi reconnaître que le temps des petites républiques était passé, que la période des grandes monarchies était venue, que la nationalité, dans l'état de choses existant alors, ne pouvait être réalisée que par l'usurpation et conservée que par le despotisme, que les oligarchies aux mains desquelles étaient les républiques italiennes, étaient le plus grand obstacle à l'unité nationale, qu'il fallait par conséquent les détruire, et que la liberté du pays renaîtrait ensuite de son unité. Évidemment, Machiavel livrait au despotisme, comme une proie, la liberté usée de quelques villes, dans l'espoir d'obtenir à l'aide de celui-ci l'unité nationale, et d'assurer par là aux générations futures la liberté sous une forme plus grande et plus imposante.

Le premier ouvrage spécial sur l'économie politique qui ait été écrit en Italie est celui d'Antonio Serra, de Naples, Sur les moyens de faire affluer l'or et l'argent dans les royaumes.

Say et Mac Culloch ne paraissent avoir lu de ce livre que le titre ; l'un et l'autre l'écartent dédaigneusement en faisant la remarque qu'il n'y est question que de la monnaie et que l'auteur a commis l'erreur de ne voir la richesse que dans les métaux précieux. S'ils en avaient lu davantage et s'ils l'avaient étudié, peut-être y auraient-ils puisé d'utiles leçons. Antonio Serra, bien que coupable du péché de considérer l'abondance de l'or et de l'argent comme des signes de richesse, a cependant des idées assez nettes sur l'origine de la richesse. Il met en première ligne, il est vrai, les mines comme les sources directes des métaux précieux, mais il rend toute justice aux moyens indirects par lesquels on les obtient. L'agriculture, l'industrie manufacturière et le commerce sont pour lui les sources principales de la richesse nationale. La fertilité du sol est une source certaine de prospérité, mais les manufactures en sont une autre beaucoup plus abondante, par divers motifs, mais principalement à cause du vaste commerce auquel elles servent de base. La fécondité de ces sources dépend des qualités que les habitants possèdent, du point de savoir, par exemple, s'ils sont laborieux, actifs, entreprenants, économes, et des circonstances naturelles et locales, par exemple, de la situation favorable d'une ville pour le commerce maritime. Au-dessus de toutes ces causes, Serra place la forme du gouvernement, l'ordre public, la liberté civile, les garanties politiques, la stabilité des lois. « Un pays ne peut prospérer, dit-il, si chaque nouveau prince peut y établir de nouvelles lois ; c'est peut-être pour cela que les États du Saint-Père sont moins florissants que d'autres dont le gouvernement et la législation sont plus stables. Voyez comme à Venise la durée du même régime depuis des siècles influe sur la prospérité publique. » Telle est la substance d'un système d'économie politique, qui, tout en ne paraissant avoir d'autre objet que l'acquisition des métaux précieux, se distingue, dans l'ensemble, par le naturel et par le bon sens. Évidemment l'ouvrage de J.-B. Say, qui développe d'ailleurs des notions économiques dont Antonio Serra n'avait aucune idée, est très-inférieur à celui de Serra dans les points principaux et notamment dans l'exacte appréciation du régime politique relativement à la richesse des nations. Si Say avait étudié Serra au lieu de le mettre de côté, il n'aurait sans doute pas soutenu, dans la première page de son Traité d'économie politique [4], que l'économie politique n'a point à se préoccuper de la constitution des États ; qu'on a vu sous toutes les formes de gouvernement

____

4 Discours préliminaire

des nations s'enrichir et se ruiner ; qu'il importe seulement pour un pays d'être bien administré.

Nous sommes loin de vouloir soutenir la supériorité absolue d'une forme de gouvernement sur toutes les autres. Il suffit de jeter un coup d'oeil sur les États de l'Amérique du Sud pour se convaincre que le régime démocratique, chez des peuples qui ne sont pas encore mûrs à cet égard, peut les faire rétrograder notablement dans leur prospérité. Il suffit de jeter un coup d'oeil sur la Russie, pour reconnaître que des peuples qui se trouvent encore à un degré inférieur de culture peuvent accomplir sous la monarchie absolue les progrès matériels les plus signalés. Mais cela ne prouve nullement qu'on ait vu, sous toutes les formes de gouvernement, des nations s'enrichir, c'est-à-dire atteindre le plus haut degré de prospérité. Bien au contraire, l'histoire enseigne que ce degré de prospérité publique, marqué par des manufactures et un commerce florissant, ne peut être atteint que dans les pays dont la constitution politique, qu'elle s'appelle république démocratique, république aristocratique ou monarchie limitée, garantit pleinement aux citoyens la liberté personnelle et la sûreté des biens, à l'administration l'activité et l'énergie dans la poursuite des intérêts sociaux avec la persévérance dans ces efforts. Car, dans un état avancé de civilisation, il s'agit moins d'être bien administré pendant quelque temps, que de l'être constamment et uniformément, de manière qu'une administration nouvelle ne détruise pas le bien que sa devancière a fait, que trente années d'une administration comme celle de Colbert ne soient pas suivies de la révocation de l'édit de Nantes, que, durant des siècles, on persévère dans un seul et même système, et qu'on poursuive un seul et même but. Ce sont les constitutions dans lesquelles les intérêts du pays sont représentés, et non le gouvernement absolu sous lequel l'administration change avec la personne du monarque, qui assurent, ainsi qu'Antonio Serra le remarque avec raison, cette stabilité administrative. Il existe, d'ailleurs, des degrés de culture où le gouvernement absolu peut être beaucoup plus favorable et l'est généralement, en effet, aux progrès matériels et moraux du pays, que ne le serait le gouvernement

                LIVRE TROISIEME : Les systèmes

constitutionnel. Ce sont les périodes de l'esclavage et du servage, de la barbarie et de la superstition, du morcellement national et des privilèges de caste. Car alors la constitution garantit la durée, non pas seulement aux intérêts nationaux, mais encore aux abus dominants, tandis qu'il est dans l'intérêt du gouvernement absolu et dans sa nature d'extirper ces abus, et qu'il peut faire arriver au pouvoir un monarque de grande énergie et de grandes lumières, qui fasse avancer la nation de plusieurs siècles et lui ouvre une ère indéfinie d'indépendance et de progrès.

Ainsi, c'est à l'aide d'un lieu commun, qui ne renferme qu'une vérité relative, que J.-B. Say a voulu séparer sa doctrine de la politique [5]. Sans doute il s'agit avant tout pour un pays d'être bien administré ; mais la bonté de l'administration dépend de la forme du gouvernement, et la forme du gouvernement la meilleure est évidemment celle qui répond le mieux à la situation morale et matérielle du pays, aux intérêts de son avenir. On a vu les nations avancer sous toutes les formes de gouvernement, mais on ne les a vues atteindre un haut degré de développement économique, que là où la forme du gouvernement garantissait un haut degré de liberté et de puissance, la stabilité dans les lois et dans la politique et de bonnes institutions.

Antonio Serra voit la nature des choses telle qu'elle est, et non à travers les lunettes d'un système préconçu ou d'un principe unique qu'il veut justifier et établir. Il compare la situation des différents États de l'Italie, et trouve la plus grande richesse là où existe le commerce le plus actif, là où existe une industrie manufacturière avancée, et celle-ci là où existe la liberté civile.

---

5   Bien que la recherche de la meilleure forme de gouvernement rentre dans le domaine de la science politique, il appartient cependant à la science économique d'expliquer en quoi la forme de gouvernement influe sur la production et sur la distribution de la richesse. C'est probablement par réaction contre les physiocrates ses prédécesseurs que J.-B. Say s'est abstenu à cet égard ; il aura voulu séparer nettement deux études qu'ils avaient à tort confondues. (H. R.)

Le jugement de Beccaria est déjà influencé par les fausses maximes des physiocrates. Cet écrivain, il est vrai, a découvert, soit avant Adam Smith, soit en même temps que lui, le principe de la division du travail, ou bien il l'a trouvé dans Aristote [6] ; il le pousse même plus loin qu'Adam Smith, puisqu'il ne se borne pas, comme lui, au partage des tâches dans une seule fabrique, mais qu'il montre comment la distribution des membres de la société en différentes industries enfante la prospérité publique. Néanmoins, il n'hésite pas, avec les physiocrates, à soutenir que les manufacturiers ne sont pas productifs.

Rien de plus étroit que les vues du grand publiciste Filangieri. Imbu d'un faux cosmopolitisme, il croit que l'Angleterre, par ses restrictions commerciales, n'a fait que donner une prime à la contrebande et diminuer son commerce.

Verri, qui était administrateur, ne pouvait pas se tromper à ce point ; il admet qu'il est nécessaire de protéger l'industrie indigène contre la concurrence étrangère, mais il ne voit pas ou il n'a pas osé voir que cette politique suppose la grandeur et l'unité du pays.

---

6   C'est dans Xénophon ou dans Platon qu'il fallait dire (H. R.)

LIVRE TROISIEME : Les systèmes

Chapitre II : Le système industriel, improprement appelé par l'école le système mercantile [7]

Lorsque les grandes nationalités se constituèrent au moyen de réunions de peuples, opérées par la monarchie héréditaire, et de la centralisation de la puissance publique, les manufactures, le commerce et la navigation, c'est-à-dire les richesses avec la puissance maritime, se trouvaient en majeure partie, nous l'avons déjà fait voir, entre les mains de républiques municipales ou de confédérations de ces républiques. Mais, à mesure que les institutions de ces grandes nationalités se développèrent, on comprit de plus en plus la nécessité de naturaliser dans le pays ces éléments essentiels de puissance et de richesse.

Sentant qu'ils ne pourraient prendre racine ni fleurir que sur

---

[7] Par le *système mercantile* on ne doit pas entendre un système conçu exclusivement en vue des intérêts du commerce. L'expression générale de marchands désignait chez nous tous ceux qui exerçaient une industrie dans une ville, les manufacturiers tout comme les commerçants. Adam Smith a donné du système mercantile la définition suivante : « Son objet est d'enrichir une grande nation plutôt par le commerce et les manufactures que par la culture et l'amélioration des terres, plutôt par l'industrie des villes que par celle des campagnes. » C'est donc, on le voit, mal à propos que List substitue à un mot depuis longtemps adopté un autre terme dont la signification est moins étendue. Ce dernier, du moins, ne s'applique au système qu'il s'agit de dénommer qu'autant que ce système encourageait les manufactures. (H. R.)

le terrain de la liberté, la puissance royale favorisa la liberté municipale, ainsi que les corporations dans lesquelles elle trouvait de plus un point d'appui contre une aristocratie féodale jalouse de son indépendance et hostile à l'unité nationale. Toutefois ce moyen fut reconnu insuffisant ; d'abord les avantages dont les particuliers jouissaient dans les villes libres et dans les républiques, étaient plus considérables que ceux que les monarchies pouvaient et osaient accorder aux habitants de leurs municipalités ; puis, sous le régime de la libre concurrence, il est très-difficile, impossible même à un pays qui a toujours fait de l'agriculture son occupation principale, de déposséder ceux qui, depuis des siècles, sont en possession des manufactures, du commerce et de la navigation ; enfin, au sein des grandes monarchies, les institutions féodales mettaient obstacle au développement de l'agriculture, par conséquent à l'essor des manufactures. C'est ainsi que le cours naturel des choses a conduit les grandes monarchies à restreindre l'importation des produits manufacturés, le commerce et la navigation de l'étranger, et à favoriser les manufactures, le commerce et la navigation du pays.

Tandis que, jusque-là, les taxes étaient établies principalement sur l'exportation des matières brutes, elles frappèrent alors principalement l'importation des produits fabriqués. Les avantages qui s'ensuivaient décidèrent les négociants, les marins, les fabricants des villes et des pays plus avancés à passer avec leurs capitaux dans les grandes monarchies où ils stimulèrent l'esprit d'entreprise chez les nationaux. La naissance de l'industrie fut promptement suivie de celle de la liberté. L'aristocratie féodale se vit obligée, dans son propre intérêt, à des concessions envers la population industrielle et commerçante aussi bien qu'envers la population rurale. De là des progrès dans l'agriculture, qui réagirent favorablement à leur tour sur les deux autres facteurs de la richesse nationale. Nous avons montré comment, à l'aide de ce système et de la réformation, l'Angleterre a grandi de siècle en siècle en forces productives, en liberté et en puissance. Nous avons exposé comment en France ce même système a été quelque temps imité avec succès, mais comment il y a échoué faute d'une réforme des institutions féodales, du clergé et de la monarchie absolue. Nous avons fait voir que la nationalité polonaise avait péri, parce que la monarchie élective ne possédait pas assez d'influence ni de stabilité pour faire surgir par ce moyen une bourgeoisie puissante et pour réformer l'aristocratie féodale.

Sous l'influence d'une telle politique, à la place de la cité commerçante et manufacturière et de la province agricole, le plus souvent sans lien politique avec elle, on vit apparaitre la nation, formant un ensemble harmonieux et complet en soi, dans laquelle, d'une part, les dissonances qui avaient existé entre la monarchie, l'aristocratie féodale et la bourgeoisie se changèrent en un accord satisfaisant, et, de l'autre, l'agriculture, l'industrie manufacturière et le commerce entretinrent les plus intimes relations. Ce fut là un état social infiniment plus parfait que le précédent, car l'industrie manufacturière, jusque-là resserrée dans les étroites limites de la république municipale, s'étendait à un vaste territoire ; toutes les ressources qui s'y trouvaient y étaient placées à sa disposition ; la division du travail et l'association des forces productives, dans les diverses branches de l'industrie manufacturière comme dans l'agriculture, se réalisaient sur une bien plus grande échelle ; la classe nombreuse des cultivateurs était politiquement et commercialement mise en contact avec les manufacturiers et les négociants, et ainsi la paix perpétuelle pour ainsi dire établie entre eux, l'action réciproque de l'agriculture et de l'industrie manufacturière pour jamais assurée, enfin les cultivateurs admis à tous les avantages qui accompagnent les manufactures et le commerce. Le pays à la fois agriculteur, manufacturier et commerçant est une ville qui embrasse toute une contrée, ou une campagne élevée au rang de ville. En même temps que la production matérielle augmentait sous les auspices de cette association, les forces morales ne pouvaient manquer de se développer, les institutions politiques de se perfectionner, les revenus publics, les moyens de défense et la population de s'accroître. Aussi la nation qui la première a complètement

                    LIVRE TROISIEME : Les systèmes

réalisé l'État à la fois agriculteur, manufacturier et commerçant, est-elle aujourd'hui, sous tous ces rapports, à la tête des autres nations.

Le système industriel ne fut point mis d'abord par écrit, il ne fut point imaginé par des écrivains ; il fut purement et simplement appliqué jusqu'à Steuart qui l'a retracé en grande partie d'après la pratique de l'Angleterre [8], de même qu'Antonio Serra avait pris dans l'histoire de Venise les éléments de son propre système. Le livre de Steuart, d'ailleurs, n'est pas à proprement parler une oeuvre scientifique. La monnaie, les banques, la circulation du papier, les crises commerciales, la balance du commerce et la population en remplissent la plus grande partie ; les développements de Steuart sur ces matières sont aujourd'hui encore instructifs à plus d'un égard, mais présentés avec peu de suite et d'intelligence ; la même idée y est répétée jusqu'à dix fois. Les autres parties de l'économie politique sont superficiellement traitées ou complètement omises. Ni les forces productives ni les éléments du prix des choses n'y sont approfondis. L'auteur n'a jamais devant les yeux que l'expérience et la situation de l'Angleterre. Son livre en un mot offre tous les mérites et tous les défauts de la pratique anglaise et de celle de Colbert.

Voici en quoi consistent les mérites du système industriel vis-à-vis des systèmes qui lui ont succédé :

1° Il comprend l'importance des manufactures et leur influence sur l'agriculture, sur le commerce et sur la navigation du pays, et il les reconnaît franchement ;

2° Il choisit en général le bon moyen pour créer l'industrie manufacturière dans la nation mûre à cet effet [9] ;

---

8   Ce système a eu pour organes, au siècle dernier, en France Melon et Forbonnais, outre-Rhin J. G. Busch, de Hambourg, que les Allemands citent encore aujourd'hui avec respect comme le fondateur de la science dans leur pays. (H. R.)

9   Voici ce que dit Steuart, livre Ier, chap. xxix : « Pour l'avancement de l'industrie, un homme d'État doit *agir* aussi bien que *permettre*, il doit protéger. La fabrication des laines aurait-elle jamais pu être introduite en France par la seule

3° Il prend l'idée de nation pour point de départ, et considérant les nations comme des unités, il tient compte partout des intérêts nationaux.

Voici maintenant les points principaux par lesquels pêche ce système :

1° En général, il n'a pas une notion exacte du principe de l'éducation industrielle du pays ni des conditions de son application ;

2° Il provoque par conséquent de la part de peuples qui vivent sous un climat contraire aux manufactures, d'États trop petits ou trop peu avancés, une imitation mal entendue du système protecteur ;

3° Il veut, au détriment de l'agriculture, étendre la protection aux matières brutes, bien que l'agriculture soit suffisamment protégée par la nature des choses contre la concurrence étrangère ;

4° Il veut, au détriment de l'agriculture et contre toute justice, favoriser les manufactures en entravant l'exportation des matières brutes ;

5° Il n'enseigne pas à la nation parvenue à la suprématie manufacturière et commerciale qu'elle doit ouvrir son marché à la libre concurrence pour préserver de l'indolence ses manufacturiers et ses négociants ;

6° Dans la poursuite exclusive du but politique, il méconnaît les relations cosmopolites des nations entre elles, et le but du genre humain ; il entraîne ainsi les gouvernements à adopter la prohibition là où la protection aurait suffi, ou à établir des droits prohibitifs là où des droits modérés auraient mieux convenu ;

7° Enfin, par cet oubli complet du principe cosmopolite, il ne voit pas dans l'union future de tous les peuples, dans l'établissement de la paix perpétuelle et de la liberté générale du

---

considération des avantages que la France en a retirés, si le roi n'avait pas entrepris de la soutenir, en accordant divers privilèges aux fabricants et en prohibant sévèrement les draps étrangers ? Y a-t-il d'autres moyens d'établir en quelque lieu que ce soit une nouvelle fabrication ?

                    LIVRE TROISIEME : Les systèmes

commerce, le but vers lequel tous les peuples doivent tendre et dont ils doivent de plus en plus se rapprocher [10].

Les écoles modernes ont injustement reproché à ce système de ne reconnaître d'autres richesses que les métaux précieux, bien que ce ne soient que des marchandises comme toutes les autres, et d'avoir pour maxime de vendre le plus possible aux autres pays en leur achetant le moins possible.

Pour ce qui est du premier reproche, on ne peut soutenir ni de l'administration de Colbert ni de celle des Anglais depuis Georges Ier, qu'elles aient attaché un si haut prix aux importations de métaux précieux. Encourager les manufactures, la navigation et le commerce extérieur du pays, tel était l'objet de leur politique commerciale, politique qui avait ses défauts, mais qui, dans l'ensemble, a produit des résultats considérables. Nous avons vu que, depuis le traité de Méthuen, les Anglais exportaient annuellement dans les Indes orientales de grandes quantités de métaux précieux, sans considérer ces envois comme un mal.

Lorsque les ministres de Georges Ier prohibèrent en 1721 l'importation des tissus de coton et des tissus de soie de l'Inde, ils ne dirent pas qu'il s'agissait pour une nation de vendre le plus possible à l'étranger et de lui acheter le moins possible ; cette absurdité fut ajoutée au système industriel par une école postérieure ; ils déclarèrent qu'une nation ne pouvait parvenir à la puissance et à la richesse qu'en exportant les produits de ses fabriques et en important des matières brutes et des denrées

---

10 Ce reproche est-il mérité ? Est-il vrai que la pratique administrative ne se préoccupe que du moyen, qui est la restriction, et n'aperçoive pas le but qui est la liberté ? On ne peut le dire du moins de l'administrateur qui a personnifié pendant une assez longue période le système protecteur de la France ; M. de Saint-Cricq ne considérait pas la protection comme éternelle ; en présentant le projet de loi de douane de 1829, il déclarait nettement qu'il fallait *tendre vers la liberté commerciale* ; et telle a été, il convient de l'ajouter, la doctrine constante de l'administration française depuis cette époque. (H. R.)

alimentaires. L'Angleterre a jusqu'ici suivi cette maxime, et c'est
en la suivant qu'elle est devenue puissante et riche ; cette
maxime est la seule vraie pour un pays de civilisation ancienne
dont l'agriculture a déjà atteint un haut degré de développement
[11].

---

[11] L'opinion vulgaire qui attachait un prix exagéré à la possession des métaux
précieux est fort ancienne, on la retrouve chez les écrivains de l'antiquité, et elle
ne peut être imputée au système mercantile, qui n'a pas su, il est vrai, s'élever
au-dessus d'elle, mais qui, cependant, a provoqué la levée des restrictions et la
sortie du numéraire, quand ce numéraire était employé dans le commerce des
Indes orientales. Les erreurs de nos aïeux en matière d'industrie et de commerce
jusqu'à l'avènement de la science économique ont été nombreuses ; on les
trouve en quelque sorte résumées dans un passage de l'ouvrage le plus
populaire de François Bacon, ses *Essais de morale et de politique*, où elles sont
mêlées à des vérités : « Les moyens qui peuvent diminuer la pauvreté dans un
État consistent à dégager toutes les routes du commerce, à lui en ouvrir de
nouvelles et à en bien régler la balance, à encourager les manufactures, à bannir
l'oisiveté, à mettre un frein au luxe et aux dépenses ruineuses par des lois
somptuaires, et à encourager aussi par des récompenses et par de bonnes lois
les perfectionnements agricoles, à régler le prix des denrées, à modérer les
taxes... Une nation ne peut s'accroître, par rapport aux richesses, qu'aux dépens
des autres, attendu que, ce qu'elle gagne, il faut bien que quelqu'un le perde.
Or, il est trois sortes de choses qu'une nation peut vendre à une autre, savoir, le
produit brut, le produit manufacturé et le prêt. Lorsque ces trois roues
principales tournent avec aisance, les richesses affluent dans le pays.
Quelquefois, suivant l'expression du poète, le travail a plus de prix que la
matière ; je veux dire que le prix de la main-d'oeuvre ou du transport excède
souvent celui de la matière première et enrichit plus promptement un État. C'est
ce dont nous voyons un exemple éclatant dans les Pays-Bas. » Toutes les
hérésies économiques contenues dans ces lignes constituent-elles ce qu'on
appelle le système mercantile ? C'est une affaire de définition. Ce qui caractérise
essentiellement ce système, c'est, comme le dit Adam Smith, de chercher à
enrichir les sociétés particulièrement à l'aide des manufactures et du
commerce ; et l'état social de l'Europe avant 1789 explique suffisamment une
préférence qui n'a plus de sens aujourd'hui ; cette tendance de la pratique qui
résultait de la nature des choses a trouvé ses théoriciens inexpérimentés, dont
les doctrines n'ont exercé d'ailleurs sur elle que peu d'influence ; car les
restrictions commerciales ont été provoquées par l'intérêt bien ou mal entendu
du travail du pays et par les haines nationales beaucoup plus souvent que par la
théorie de la balance du commerce. Le grand moyen du système mercantile, ou
la protection douanière, a survécu à cette théorie aujourd'hui décriée, et il a
peut-être encore plus d'avenir que beaucoup d'économistes ne le supposent.
Quoi qu'il en soit, la science doit faire une certaine part à ce qui a occupé et à ce
qui occupe encore dans les faits une si large place. (H. R.)
    - Quelles qu'aient été les erreurs et les absurdités du système mercantile tel
qu'il a été pratiqué par les hommes d'État de l'Angleterre durant les deux
derniers siècles, elles ne sont pas comparables aux erreurs et aux absurdités de

Chapitre III : L'école physiocratique ou le système agricole

Si la grande tentative de Colbert avait réussi, si la révocation de l'édit de Nantes, le faste de Louis XIV et sa passion pour la gloire, les débauches et les dissipations de son successeur n'avaient pas étouffé les germes que Colbert avait semés, si, en conséquence, il s'était formé en France une classe de riches manufacturiers et de riches négociants, si d'heureuses conjonctures avaient fait passer les biens du clergé aux mains de la bourgeoisie, et qu'ainsi eût surgi une seconde chambre énergique sous l'influence de laquelle l'aristocratie féodale eût été réformée, le système physiocratique n'aurait peut-être pas vu le jour. Évidemment ce système avait été conçu d'après la situation de la France à l'époque où il apparut, et calculé uniquement pour cet État.

La plus grande partie du sol, en France, était, alors entre les

la théorie actuellement en vogue, telle qu'elle a été développée par les économistes. Les deux systèmes exagèrent l'importance du commerce, et en font un agent principal dans la production de la richesse. Ils oublient que le commerce n'est que le serviteur de l'industrie, l'agent de la distribution des produits de celle-ci. Le système mercantile a sur l'école moderne cet avantage, qu'il employait les restrictions commerciales pour protéger et pour encourager l'industrie, tandis que l'école ne demande autre chose que des opérations de négociants affranchis de toute entrave et libres de faire tout ce que l'amour du gain peut leur conseiller. Si l'ancien système a été appelé système mercantile, le nouveau devrait être désigné par le nom de système commercial, comme étant, en réalité, beaucoup plus commercial que le premier. Il remet les intérêts de l'industrie, les intérêts matériels du pays en général, aux mains des négociants.

Nous espérons que le temps n'est pas éloigné où le système industriel sera inauguré, non-seulement pour la production de la richesse, mais pour le développement du bien-être de l'homme, ainsi que des ressources et de la puissance de la nation. (S. COLWELL.)].

mains du clergé et de la noblesse. Les paysans qui le cultivaient languissaient dans le servage et dans la sujétion personnelle, en proie à la superstition, à l'ignorance, à la paresse et à la misère. Ceux entre les mains desquels se trouvaient les instruments de la production, tout entiers à la poursuite des frivolités, n'avaient ni l'intelligence ni le goût de l'agriculture ; ceux qui conduisaient la charrue étaient dépourvus de toutes ressources intellectuelles ou matérielles pour les améliorations agricoles. L'oppression sous laquelle les institutions féodales faisaient gémir l'agriculture était aggravée par les insatiables exigences de la monarchie envers les producteurs, exigences d'autant plus difficiles à satisfaire que la noblesse et le clergé étaient exempts d'impôts. Dans de pareilles circonstances, les industries les plus importantes, c'est-à-dire celles qui se basent sur la production agricole du pays et sur la consommation de la grande masse de la population, ne pouvaient pas fleurir ; celles-là seules pouvaient prospérer, qui fournissaient des objets de luxe aux classes privilégiées. Le commerce extérieur était borné par l'impuissance où se trouvaient les producteurs matériels de consommer de fortes quantités de denrées de la zone torride et de les solder avec l'excédant de leurs produits ; le commerce intérieur était étouffé par les douanes provinciales.

Il est fort naturel, dans un tel état de choses, que des penseurs, après avoir réfléchi sur les causes de la misère qui régnait, aient été convaincus que, tant que l'agriculture ne serait pas délivrée de ses chaines, tant que les possesseurs du sol et des capitaux ne s'intéresseraient pas à elle, que les paysans resteraient plongés dans la sujétion personnelle, dans la superstition, dans la paresse et dans l'ignorance, que les impôts ne seraient pas diminués et répartis avec équité, que les barrières intérieures subsisteraient et que le commerce extérieur ne fleurirait pas, le pays ne pouvait pas prospérer.

Mais ces penseurs étaient médecins du monarque et de la cour, protégés et amis intimes de la noblesse et du clergé ; ils ne voulaient pas faire une guerre ouverte a la puissance absolue, pas plus qu'au clergé et à la noblesse. Il ne leur restait donc d'autre expédient que d'envelopper leur plan de réforme dans les ténèbres d'un système abstrus, de même qu'avant et après eux des idées de réforme politique et religieuse se sont couvertes du voile de systèmes philosophiques. À l'exemple des philosophes de leur époque et de leur pays, qui, au milieu de la décomposition de la France, cherchaient une consolation dans le vaste champ de la philanthropie et du cosmopolitisme, à peu près comme un père de famille ruiné et au désespoir va chercher des distractions au cabaret, les physiocrates s'engouèrent du principe cosmopolite de la liberté du commerce comme d'une panacée qui devait guérir tous les maux du pays. Après avoir recueilli cette idée dans les espaces, ils creusèrent profondément, et ils trouvèrent dans le revenu net du sol une base conforme à leurs vues. Alors fut construit le système : « Le sol seul donne un revenu net, donc l'agriculture est la source unique de la richesse, » maxime d'où se déduisaient d'importantes conséquences. D'abord tout l'édifice féodal devait crouler, et cela dans l'intérêt des propriétaires fonciers eux-mêmes, puis tous les impôts devaient être établis sur le sol, comme sur la source de toute richesse, et ainsi prenait fin l'immunité de la noblesse et du clergé ; enfin les fabricants formaient une classe improductive, qui n'avait point de taxe à payer, mais point de titres non plus à la protection de l'État, ce qui entraînait l'abolition des douanes.

En un mot, on recourut aux arguments et aux allégations les plus absurdes pour prouver les grandes vérités qu'on avait entrepris d'établir.

De la nation, de son degré de culture et de sa situation vis-à-vis des autres peuples, il ne pouvait être question ; l'Encyclopédie méthodique l'enseigne, le bien-être de l'individu dépend de celui du genre humain. Il n'y avait, par conséquent, plus de nations, plus de guerres, plus de restrictions commerciales de la part de l'étranger ; l'histoire et l'expérience étaient méconnues ou défigurées.

On trouvait dans ce système le grand avantage de paraître combattre contre le système de Colbert et contre les privilèges des manufacturiers en faveur des propriétaires du sol, tandis que les coups portaient principalement sur les privilèges de ces derniers. Le pauvre Colbert était seul responsable du triste état de l'agriculture française, quand tout le monde savait que la France ne possédait une grande industrie que depuis Colbert, et que le bon sens le plus vulgaire comprend que les manufactures sont le principal moyen de faire fleurir l'agriculture et le commerce.

La révocation de l'édit de Nantes, les guerres étourdies de Louis XIV et les prodigalités de Louis XV étaient complètement oubliées.

Quesnay a, dans ses ouvrages, reproduit et réfuté une à une les objections que son système avait rencontrées ; on s'étonne de tout ce qu'il met de bon sens dans la bouche de ses adversaires, et de tout ce qu'il leur oppose d'absurdité mystique. Toute cette absurdité, néanmoins, était réputée sagesse par les contemporains du réformateur, parce que la tendance de son système répondait à la situation de la France d'alors ainsi qu'au penchant cosmopolite du dix-huitième siècle [12].

---

[12] « Qu'on maintienne l'entière liberté du commerce, car la police du commerce intérieur et extérieur la plus sûre, la plus exacte, la plus profitable à la nation et à l'État, consiste dans la pleine liberté de la concurrence. » Telle est la 25ème des *Maximes générales* de Quesnay. J'ai déjà fait observer dans une note précédente que la république universelle dont il parle ne s'entend que des commerçants, qu'il distingue des nations auxquelles ils appartiennent ; son disciple Dupont de Nemours a dit quelque part, il est vrai, que « exactement parlant, il n'existe dans le monde qu'une seule société humaine, » et, d'après Turgot, « quiconque n'oublie pas qu'il y a des États politiques séparés les uns des autres et constitués diversement, ne traitera jamais bien aucune question d'économie politique ; » mais ce n'est pas cette pensée cosmopolite qui a dicté la maxime du maître en faveur de la liberté absolue du commerce international. Ce n'est pas davantage une appréciation scientifique du commerce extérieur, en tant qu'il opère sur le globe une division meilleure du travail et qu'il multiplie nos jouissances. Pour Quesnay, le commerce extérieur est « un *pis-aller* pour les nations auxquelles le commerce intérieur ne suffit pas pour débiter

avantageusement les productions de leur pays. » Il voit surtout dans la liberté du commerce extérieur un moyen d'assurer un prix élevé aux produits agricoles, et de diminuer, par la concurrence, les salaires que, suivant lui, les agriculteurs paient aux manufacturiers et aux commerçants. Quesnay est mieux inspiré lorsque, s'attaquant à un préjugé grossier qui subsistait encore de son temps, il s'écrie dans son *Dialogue sur le commerce* : « Cessez d'envisager le commerce entre les nations comme un état de guerre et comme un pillage sur l'ennemi, et persuadez-vous enfin qu'il ne vous est pas possible d'accroître vos richesses aux dépens d'autrui par le commerce. » Le jugement qu'il porte sur l'administration de Colbert est des plus légers et des plus injustes ; mais c'est par inadvertance que List reproche au chef de l'école physiocratique d'avoir oublié la révocation de l'édit de Nantes. Quesnay dit en propres termes, dans le même paragraphe où il accuse Colbert d'avoir provoqué la destruction de tous les revenus du pays : « Diverses causes d'émigration des hommes et des richesses hâtèrent les progrès de cette destruction ; » et une de ses *Maximes*, ainsi formulée : « Qu'on évite la désertion des habitants qui emporteraient leurs richesses hors du royaume, » témoigne que la grande faute de Louis XIV était présente à sa mémoire.

Quels qu'aient été, du reste, les torts et les erreurs des physiocrates, nous ne saurions avoir à leur égard trop de reconnaissance pour les services qu'ils ont rendus au pays en préparant quelques-uns des résultats les plus féconds de la révolution française, et pour les éléments précieux que leur système a laissés à la science positive de l'économie politique. (H. R.)

LIVRE TROISIEME : Les systèmes   25

Chapitre IV : Le système de la valeur échangeable, appelé à tort système industriel [13]

La doctrine d'Adam Smith en matière de commerce international n'est qu'une continuation de celle des physiocrates. Comme celle-ci, elle ignore la nationalité, elle exclut presque absolument la politique et le gouvernement, elle suppose l'existence de la paix perpétuelle et de l'association universelle, elle méconnaît les avantages d'une industrie manufacturière nationale, ainsi que les moyens de l'acquérir, elle réclame la liberté absolue du commerce.

Adam Smith, marchant dans la voie où les physiocrates l'avaient devancé, a commis la faute capitale de considérer la liberté absolue du commerce comme une exigence de la raison, et de ne pas étudier à fond le développement historique de cette idée.

Le biographe intelligent d'Adam Smith, Dugald-Stewart, nous apprend que vingt-un ans avant la publication de son livre, c'est-à-dire en 1755, Smith avait, dans une Société littéraire,

---

13 Ce n'est que par opposition au système agricole absolu des physiocrates qu'on a pu donner à l'ensemble des doctrines d'Adam Smith le nom de système *industriel*. Ce nom ne lui est nullement applicable, si on le prend dans le sens de *manufacturier* ; car, tout en restituant aux manufactures la faculté productive, Adam Smith ne cache pas ses préférences pour l'agriculture et pour les agriculteurs. En tous cas, il me paraît peu convenable de qualifier de système ce qui est déjà la science. Quant à la dénomination que List emploie, elle ne s'entend et ne peut s'entendre que de la théorie de la liberté du commerce telle qu'elle est formulée dans la *Richesse des nations*. (H. R.)

prononcé les paroles suivantes qui lui attribueraient la priorité de l'idée de la liberté du commerce [14] : « L'homme est ordinairement considéré par les hommes d'Etat et par les faiseurs de projets comme la matière d'une sorte d'industrie politique. Ces faiseurs de projets troublent les opérations de la nature dans les affaires humaines, tandis qu'il faudrait l'abandonner à elle-même et la laisser agir librement afin qu'elle atteignit son but. Pour élever un État du dernier degré de barbarie au plus haut degré d'opulence, il ne faut que trois choses : la paix, des taxes modérées, et une administration tolérable de la justice ; tout le reste est amené par le cours naturel des choses. Tout gouvernement qui s'oppose à ce cours naturel, qui veut donner aux capitaux une autre direction ou arrêter la société dans ses progrès, se révolte contre la nature et devient, pour se maintenir, oppresseur et tyrannique. »

Cette pensée fondamentale servit de point de départ à Adam Smith, et ses travaux ultérieurs n'eurent d'autre but que de l'établir et de la mettre en lumière. Il y fut confirmé plus tard par Quesnay, Turgot et les autres coryphées de l'école physiocratique, dont il fit la connaissance en 1765 dans un

---

[14] D'après Mac Culloch, Smith avait eu en Angleterre même plus d'un devancier dans cette voie de la liberté du commerce, par exemple Dudley North, Matthieu Decker, Josiah Tucker. (*Note de la première édition.*)
- M. Roselier a publié en 1851 un écrit sur l'histoire de l'économie politique chez les Anglais. Après y avoir analysé les ouvrages des prédécesseurs de l'auteur de la *Richesse des nations* jusqu'à la fin du dix-septième siècle, il conclut dans les termes suivants :

« Adam Smith n'a nullement découvert, comme on le croit communément, les vérités qu'il a exposées. Nous sommes loin de lui attribuer l'intention de rabaisser ses prédécesseurs ; mais il est certain qu'il a contribué en fait par son rare talent de forme et de systématisation à les mettre dans l'ombre, malgré leur mérite. Les principaux éléments de son système sont nationaux en ce sens que les germes s'en retrouvent chez les plus distingués de ses devanciers. Dans le détail même, beaucoup de résultats importants de l'âge d'or de l'économie politique anglaise avaient eu, depuis un demi-siècle et même plus tôt, leurs précurseurs. Par cette observation on ne diminue pas la gloire d'Adam Smith, pas plus qu'on ne le ferait en signalant les perfectionnements apportés à sa doctrine par ses successeurs. C'est, au contraire, faire d'un grand esprit le plus bel éloge que de le placer, pour ainsi dire, au centre de l'histoire, de telle sorte que tout ce qui le précède est comme sa préparation, et tout ce qui vient après lui comme son développement. » (H. R.)

voyage en France.

Évidemment Adam Smith voyait dans l'idée de la liberté du commerce la base sur laquelle il devait fonder sa réputation littéraire. Il est donc naturel que, dans son ouvrage, il se soit attaché à écarter et à combattre tout ce qui faisait obstacle à cette idée, qu'il se soit considéré comme le champion de la liberté commerciale absolue, qu'il ait pensé et écrit sous cette préoccupation.

Comment, avec cette idée préconçue, eût-il pu apprécier les choses et les hommes, l'histoire et la statistique, les mesures de gouvernement et leurs auteurs, d'un autre point de vue que celui de leur conformité ou de leur discordance avec son principe ?

Le passage de Dugald-Stewart qui vient d'être cité contient en germe tout le système d'Adam Smith. Le gouvernement ne peut et ne doit avoir d'autre tâche que de faire rendre une exacte justice et de lever le moins d'impôts possible. Les hommes d'État qui essaient de faire naître les manufactures, de développer la navigation, d'encourager le commerce extérieur, de le protéger à l'aide de forces navales, de fonder ou d'acquérir des colonies, sont à ses yeux des faiseurs de projets qui arrêtent les progrès de la société. Il n'existe point pour lui de nation ; il ne voit qu'une société, c'est-à-dire des individus réunis. Les individus savent parfaitement l'industrie qui leur est le plus avantageuse, et sont parfaitement en état de choisir les moyens qui les conduiront au bien-être.

Cette annihilation complète de la nationalité et du gouvernement, cette exaltation de la personnalité devenue l'origine de toute force productive, ne pouvaient paraître plausibles qu'autant qu'on prenait pour objet principal de ses études, non pas la force productive, mais le produit, c'est-à-dire la richesse matérielle, ou plutôt uniquement la valeur échangeable du produit. Il fallait que le matérialisme servit d'escorte à l'individualisme, pour cacher les quantités immenses de forces que l'individu puise dans la nationalité, dans l'unité nationale et dans l'association nationale des forces productives. Il fallait réduire l'économie politique à une théorie pure et simple des valeurs, puisque ce sont les individus seuls qui produisent des valeurs, et que l'État, incapable d'en créer, doit borner toute son activité à éveiller, à protéger et à encourager les forces productives des individus. De ce point de vue, l'économie politique peut se résumer de la manière suivante :

-la richesse consiste dans la possession de valeurs échangeables.

-Les valeurs échangeables se produisent par le travail individuel uni aux agents naturels et aux capitaux.

-Les capitaux se forment par l'épargne ou par l'excédant de la production sur la consommation.

-Plus la masse des capitaux est considérable, plus grande aussi est la division du travail, et, par suite, la puissance productive.

-L'intérêt privé est le meilleur stimulant au travail et à l'épargne.

-Le comble de la sagesse, dans le gouvernement, consiste, par conséquent, à ne soumettre l'activité nationale à aucune entrave et à ne pourvoir qu'à la sécurité.

-Il est insensé de contraindre les particuliers par des règlements à produire eux-mêmes ce qu'ils pourraient faire venir à plus bas prix de l'étranger.

Ce système si conséquent, qui analyse les éléments de la richesse, qui retrace avec une clarté lumineuse l'oeuvre de la production, qui paraît réfuter si péremptoirement les erreurs des précédentes écoles, dut nécessairement être accepté faute d'un autre. Mais, au fond, ce système n'était autre chose que l'économie privée de tous les individus d'un pays ou du genre humain tout entier, telle qu'elle se constituerait s'il n'y avait point de nations ni d'intérêts nationaux, point de guerres ni de passions nationales ; ce n'était qu'une théorie des valeurs, une théorie de comptoir, et non la doctrine qui enseigne comment les forces productives de toute une nation sont éveillées, accrues, entretenues et conservées dans l'intérêt de sa civilisation, de sa prospérité, de sa puissance, de sa durée et de son indépendance.

Ce système envisage tout du point de vue du marchand. La valeur des choses est la richesse ; il ne s'agit que d'acquérir des valeurs. Le développement des forces productives, il l'abandonne au hasard, à la nature ou au bon Dieu, comme on voudra ; il n'y a que le gouvernement qui n'ait rien à y voir, il n'y a que la politique qui ne doive point se mêler de l'accumulation des valeurs. Il veut acheter toujours au meilleur marché ; que les importations ruinent les fabriques du pays, peu importe. Les nations étrangères allouent des primes d'exportation sur leurs produits fabriqués ; tant mieux, il n'en achète qu'à plus bas prix. Ceux-là seuls qui produisent des valeurs échangeables sont des producteurs à ses yeux. Il reconnaît bien dans le détail les avantages de la division du travail ; mais, les effets de cette même division du travail appliquée à la nation, il ne les découvre pas. Ce n'est que par les épargnes individuelles qu'il augmente les capitaux, et c'est seulement dans la mesure de l'accroissement de ses capitaux qu'il peut étendre ses affaires ; quant au développement de la force productive, déterminé par l'établissement de fabriques dans le pays, par le commerce extérieur et par la puissance nationale qui en résultent, il n'y attache aucun prix. L'avenir de la nation lui est indifférent, pourvu que les particuliers acquièrent des valeurs échangeables. Il ne connaît que la rente de la terre, et point la valeur des fonds de terre ; il ne voit pas que la plus grande partie de la richesse d'un pays consiste dans la valeur de ses fonds de terre et de ses immeubles. L'influence du commerce extérieur sur le prix des terres, les fluctuations et les calamités qu'il entraîne, ne le préoccupent nullement. En un mot, c'est le système mercantile [15] le plus absolu, le plus

---

15 Ce n'est pas là proprement un système *mercantile*, par la raison qu'un marchand éclairé comprend parfaitement, dans l'occasion, la nécessité de certains sacrifices actuels en vue de bénéfices à venir ; c'est un système *libéral exagéré*. Adam Smith a été conduit à prononcer un arrêt si absolu contre les restrictions

conséquent, et il est incroyable qu'on ait pu qualifier de ce nom le système de Colbert, tout industriel par ses tendances, puisque, sans tenir compte d'un gain ou d'une perte temporaire en valeurs échangeables, il n'a en vue que la création d'une industrie nationale, d'un commerce national.

Nous ne voulons point, toutefois, mettre en question les titres éminents d'Adam Smith. Le premier il a appliqué avec succès la méthode de l'analyse à l'économie politique. À l'aide de cette méthode et d'une pénétration extraordinaire, il a porté la lumière dans les branches les plus importantes de la science, restées jusque-là enveloppées de ténèbres. Avant Adam Smith, il n'y avait qu'une pratique ; ses travaux ont rendu possible la constitution d'une science de l'économie politique, et il a fourni à cet effet plus de matériaux que ses devanciers et que ses successeurs.

Mais les mêmes propriétés de son esprit auxquelles nous devons ses remarquables analyses économiques, expliquent aussi comment il n'a pas embrassé l'ensemble de la société, comment il n'a pu réunir les détails dans un tout harmonieux, comment il a négligé la nation pour les individus, comment, préoccupé de la libre activité des producteurs, il a perdu de vue le but national. Lui, qui comprend si bien les avantages de la division du travail dans une manufacture, ne voit pas que le même principe s'applique avec la même énergie à des provinces et à des nations entières.

Notre jugement est pleinement d'accord avec ce que Dugald-Stewart dit d'Adam Smith. Smith savait apprécier quelques traits d'un caractère avec la sagacité la plus rare ;

____

douanières, non par un engouement pour le commerce extérieur qu'il jugeait infiniment moins avantageux que le commerce intérieur, mais par un respect outré de la liberté et par une foi trop vive dans la puissance de l'individu abandonné à lui-même. Il n'a pas d'ailleurs été toujours conséquent avec lui-même ; et, cette intervention du gouvernement dans l'industrie, qu'il réprouve, souvent avec raison, il l'a quelquefois conseillée dans des cas où elle ne produirait que du mal. (H. R.)

mais s'il portait un jugement sur l'ensemble d'un caractère ou sur l'ensemble d'un livre, on était tout étonné du peu d'étendue et de justesse de ses aperçus. Il ne savait pas même juger sûrement ceux avec lesquels il avait vécu durant plusieurs années dans l'amitié la plus intime. « Le portrait, dit le biographe, était toujours vivant et expressif, il avait une grande ressemblance avec l'original considéré sous un certain point de vue, mais il n'en reproduisait pas une exacte et complète image dans tous les sens et sous tous les rapports. [16] »

16 Plus tard, dans un écrit qu'une note précédente a mentionné, List a été plus juste envers Adam Smith, contre lequel son seul grief, en dernière analyse, était la doctrine de la liberté illimitée du commerce. J'avais dit dans *l'Association douanière allemande*, qu'Adam Smith, s'il reparaissait parmi nous, serait probablement moins absolu à cet égard ; en effet, s'il était d'un esprit généreux au siècle dernier de réagir passionnément contre une réglementation abusive, dans ce siècle-ci il est d'une intelligence éclairée de distinguer entre l'abus et l'usage : il s'est produit de plus, depuis quatre-vingts ans, des faits considérables auxquels la science ne peut fermer les yeux. C'est ce dernier point de vue que List a développé avec force dans le passage suivant, en montrant quels changements l'invention des machines a apportés dans l'industrie manufacturière et dans la situation respective des différentes nations :

« Richelot a grande raison de dire que, si Adam Smith reparaissait parmi nous, il serait d'un tout autre avis sur la liberté du commerce. Lorsque Adam Smith a écrit son ouvrage, on ne pouvait pas prévoir à quel point la révolution de toutes les industries causée par l'essor des sciences modifierait l'économie des nations. Alors liberté du commerce était synonyme de division des principales branches de travail entre les peuples industriels. Aujourd'hui que nous connaissons l'action des machines et que nous pouvons en soupçonner les effets ultérieurs, la liberté commerciale serait la dissolution de toutes les nationalités restées en arrière, au profit des plus avancées...

« A cette époque, l'Angleterre, la France et l'Allemagne étaient dans leurs productions industrielles, sinon tout à fait, du moins à peu près au même degré d'avancement. Chacune de ces contrées avait sa branche dans laquelle elle excellait : l'Angleterre la fabrication des draps, l'Allemagne celle des toiles, la France celle des soieries. C'étaient là dans la concurrence internationale les trois industries de beaucoup les plus importantes, car il était alors si peu question de celle du coton, que le mot d'industrie du coton ne se trouve même pas dans les écrits d'Adam Smith, et la fabrication du fer, dans laquelle l'Allemagne avait encore les devants sur les deux autres pays, ne présentait alors que peu d'importance sous ce rapport. Non-seulement l'Angleterre, la France et l'Italie, mais encore l'Espagne et le Portugal avec leurs colonies étaient approvisionnées de toiles en majeure partie par l'Allemagne. La France et la Hollande, l'Espagne et le Portugal ne prenaient pas à la production coloniale une part moindre que l'Angleterre, et l'Allemagne ne le cédait à aucune autre contrée pour le débouché dans les régions tropicales de ses articles fabriqués ; la consommation des denrées coloniales était d'ailleurs insignifiante comparativement à ce qu'elle est aujourd'hui. Partout, excepté dans les colonies, les classes moyennes et inférieures ne consommaient, en fait d'objets manufacturés, que ceux qui avaient été produits dans l'intérieur des familles, ou du moins, à une époque où

                    LIVRE TROISIEME : Les systèmes

chaque ville, chaque district, souvent même chaque village avait son costume particulier, sur les lieux mêmes ou dans le voisinage. Au lieu de s'étendre aux articles de grand débit, si l'on excepte les toiles dont la fabrication était aux mains des Allemands, la concurrence internationale se réduisait aux consommations relativement restreintes des hautes classes.

« En supposant, dans un tel état de choses, une libre concurrence de ces trois nations industrielles, on pouvait difficilement s'empêcher de reconnaître qu'elle leur serait également profitable à toutes trois. Aucune d'elles n'avait sur les deux autres une trop grande avance dans le commerce avec les contrées tropicales, dans la possession des capitaux, dans l'outillage ou dans les frais de production. Chacune possédait des avantages particuliers à l'égard de quelques articles, sans être trop en arrière de ses rivales dans son éducation industrielle générale, dans ses relations commerciales et dans la fabrication des autres objets.

« Il était fort naturel dans de pareilles circonstances que la théorie du libre commerce fût accueillie, qu'on n'eût pas le moindre soupçon des dangers qu'elle portait dans son sein, et qu'Adam Smith représentât le système protecteur comme le produit de l'intérêt personnel et de l'esprit de routine des industriels.

« Les progrès des sciences, les grandes inventions et, surtout, les machines, les changements politiques et commerciaux, ont, dans le cours des quatre-vingts dernières années, déterminé une révolution industrielle depuis laquelle ce qui précédemment avait passé pour sagesse est devenu folie, et ce qui avait paru éminemment avantageux se trouve plein de périls.

« Pour nous faire une idée nette de la prépondérance que la puissance des capitaux et des machines a acquise sur le travail manuel, nous n'avons qu'à imaginer une lutte entre un bateau à vapeur et une barque. Quelques efforts que fassent les rameurs de la barque, fussent-ils au nombre de cent, fussent-ils doués d'une intelligence et d'une force de corps remarquables, ils seraient aisément distancés par deux hommes d'une capacité et d'une vigueur tout à fait ordinaires...

« Précédemment un pays industriel ne pouvait produire pour les autres pays qu'une faible quantité d'objets manufacturés, parce que l'augmentation des salaires était un obstacle naturel à un développement extraordinaire de la production ; l'Angleterre, par conséquent, sous le régime de la liberté commerciale, n'aurait pu se présenter sur les marchés étrangers qu'avec le produit de centaines de mille d'ouvriers ; aujourd'hui, à l'aide de ses machines, elle offre sur ces mêmes marchés l'équivalent du produit de centaines de millions de bras, et il n'y a pas de raison pour que, sous la libre concurrence, elle ne centuple pas cette production.

« Précédemment la concurrence internationale ne portait que sur les objets de luxe et que sur un petit nombre d'articles ; aujourd'hui les nations industrielles les plus avancées sont, par les prix minimes de leurs produits, en mesure de

—————————————

détruire toutes les manufactures des peuples moins avancés, et jusqu'à une grande partie de ces petites industries qu'on avait crues jusqu'à présent attachées aux localités.

« Précédemment chaque industrie était quelque chose d'existant par soi-même, dont la prospérité et la conservation reposaient sur l'habileté des ouvriers et sur l'activité des entrepreneurs, dont l'existence n'était mise en péril que rarement et sous l'action persévérante de causes destructives, et dont la chute n'exerçait que peu d'influence sur l'ensemble du travail national ; aujourd'hui l'industrie manufacturière d'un grand pays forme un ensemble fondé sur la puissance des machines et sur la possession de capitaux considérables, qui permet aux nations les plus avancées, non-seulement d'exceller dans quelques branches, mais de primer dans toutes, non-seulement de supplanter pour un temps limité, dans quelques branches, les nations relativement en arrière, mais de les dépouiller de tout avenir industriel. » (H. R.)

     LIVRE TROISIEME : Les systèmes

Chapitre V : Continuation du précédent - Jean-Baptiste Say et son école

Au fond Say n'a fait que mettre en ordre les matériaux confusément entassés par Adam Smith, les rendre intelligibles et les populariser ; possédant à un haut degré le talent de systématiser et d'exposer, il y a pleinement réussi. On ne trouve dans ses écrits rien de nouveau ni d'original [17], si ce n'est qu'il réclame pour les travaux intellectuels la qualité de productifs qu'Adam Smith leur refuse. Mais cette idée, très-juste dans la théorie des forces productives, est en contradiction avec celles des valeurs échangeables, et Smith est évidemment plus conséquent avec lui-même que J.-B. Say. Les travailleurs intellectuels ne produisent point directement de valeurs échangeables, ils diminuent plutôt immédiatement par leurs consommations la masse des revenus et des épargnes, ou la richesse matérielle. Aussi le motif pour lequel J.-B, Say, de son point de vue, attribue la productivité aux travaux intellectuels, à savoir qu'ils sont rétribués avec des valeurs échangeables, n'a-t-il absolument rien de réel ; car ses valeurs sont déjà produites avant de passer aux mains des travailleurs intellectuels ; elles ne font que changer de possesseur ; mais leur quantité n'est pas accrue par cet échange. On ne peut donner le titre de producteurs aux travailleurs intellectuels qu'autant qu'on voit la richesse nationale dans les forces productives de la nation et non dans la possession des valeurs échangeables. Say se trouvait à cet égard vis-à-vis de Smith dans la même situation où Smith s'était trouvé vis-à-vis des

---

17 List a oublié la théorie des débouchés dont les économistes anglais eux-mêmes ne contestent pas le mérite à notre illustre compatriote, théorie qui, du reste, comporte des réserves. (H. R.)

physiocrates. Pour ranger les manufacturiers parmi les producteurs, Adam Smith dut élargir la notion de la richesse, et Say, de son côté, se trouva dans l'alternative, ou d'adopter, après Adam Smith, cette absurdité que les travaux intellectuels ne sont point productifs, ou d'étendre la notion de la richesse nationale comme avait fait son prédécesseur, de l'appliquer à la force productive et de dire que la richesse nationale consiste, non dans la possession des valeurs échangeables, mais bien dans celle de la force productive, de même que la richesse d'un pêcheur consiste à posséder, non pas des poissons, mais la capacité et les moyens de continuer à prendre autant de poissons qu'il lui en faut.

Il est digne de remarque, et, si nous ne nous trompons, on l'ignore généralement, que J.-B. Say avait un frère dont le bon sens et la sagacité avaient reconnu l'imperfection de la théorie des valeurs échangeables, et que lui-même, en présence des doutes de ce frère, a exprimé des doutes sur la vérité de sa doctrine.

Louis Say, de Nantes, pensait qu'il s'était introduit dans l'économie politique une vicieuse nomenclature, source de nombreuses difficultés, et que son frère même n'était pas sans reproche à cet égard [18]. Dans son opinion, la richesse des nations consiste, non dans les biens matériels et dans leur valeur échangeable, mais dans le pouvoir de produire ces biens d'une manière continue. La théorie de la valeur échangeable de Smith et de J.-B. Say n'envisage la richesse que du point de vue étroit d'un marchand, et le système qui veut réformer ce qu'on appelle le système mercantile n'est pas lui-même autre chose qu'un étroit système mercantile. Jean-Baptiste avait répondu aux doutes et aux objections de son frère, que sa méthode (sa méthode à lui J.-B. Say ?), savoir la théorie de la valeur échangeable, était loin d'être bonne, mais que la difficulté était d'en trouver une meilleure [19].

---

18 Louis Say, *Études sur la richesse des nations*. Préface, page iv.
19 Voici les propres termes dont s'est servi Louis Say dans sa brochure, publiée en 1836 :

                    LIVRE TROISIEME : Les systèmes

Comment ? D'en trouver une meilleure ? Est-ce que son frère Louis ne l'avait pas trouvée ? Mais ou l'on ne possédait pas assez de pénétration pour comprendre et pour développer l'idée vaguement exprimée par ce frère, ou bien on ne voulait pas dissoudre une école déjà fondée et enseigner justement le contraire de la doctrine à laquelle on devait sa célébrité.

Préface, page iv : « Quoique Adam Smith ait beaucoup contribué à l'avancement de la science de la richesse des nations, cependant sa fausse théorie, ainsi que la vicieuse nomenclature qu'il y a introduite, a fait naître presque toutes les difficultés qu'elle présente. »

Page 10 : « La richesse de quelqu'un consiste bien dans le pouvoir qu'il a de satisfaire ses besoins et ses goûts, mais, cependant, pourvu que ce ne soit pas momentanément ; car quelqu'un qui pourrait en satisfaire une immense quantité en un seul jour, et ne pourrait en satisfaire aucun le jour suivant, serait moins riche que celui qui peut en satisfaire une moins grande quantité, mais un grand nombre de jours. »

Note, page 14 : « L'école moderne d'Adam Smith appelle le système qui fait consister la richesse dans les métaux précieux, le système mercantile. Les marchands font consister la richesse dans la valeur vénale de ce qu'ils possèdent, et c'est son système qui doit être appelé le système mercantile. »
Note, page 36 : « Lorsque J.-B. Say, mon frère, me demanda mes observations sur son Traité d'économie politique, je fus frappé de la lumière qu'il répandait sur cette science, en établissant :
« Qu'il n'y a véritablement production de richesse que là où il y a création ou augmentation d'utilité, et par utilité il entend la faculté qu'ont certaines choses de satisfaire aux divers besoins des hommes ;
« Que l'utilité d'une chose constitue sa valeur réelle et technique ;
« Que la richesse est en proportion de cette valeur.
« Mais, quand je vis qu'un peu plus loin il se servait de la valeur vénale ou commerciale des choses pour en évaluer la plus ou moins grande utilité, je lui fis observer que cette méthode d'évaluation me paraissait fort inexacte et même capable d'entraîner dans de graves erreurs. Il me répondit qu'effectivement cette méthode était loin d'être bonne, mais que la difficulté était d'en trouver une meilleure. »
J'ajouterai ici quelques extraits du même écrit concernant la question du commerce international.

Page 67 : « Adam Smith a commis une grave erreur en faisant considérer comme une perte sans compensation pour une nation toute la différence qui peut exister entre le prix moins élevé d'un produit de l'industrie étrangère et le prix plus élevé de ce même produit obtenu par l'industrie nationale ; il y a perte effectivement, car cette différence diminue d'autant le revenu du consommateur de ce produit industriel ; c'est une espèce d'impôt mis sur lui, mais cette diminution de revenu est souvent compensée par l'augmentation du revenu tout entier dont ce produit a été l'occasion pour la classe industrielle nationale. »
Page 75 : « Pour résumer ce que je viens de dire à ce sujet, je pense qu'il ne faut pas adopter d'une manière absolue, à l'égard du commerce avec l'étranger, soit le système de liberté sans limites, soit le système restrictif complet ; mais que l'impôt sur le consommateur ne doit être toléré que s'il en résulte un avantage

Ce qui appartient à Say dans ses ouvrages, c'est seulement la forme du système, c'est sa définition de l'économie politique comme science de la production, de la distribution et de la consommation des richesses. C'est grâce à cette division des matières et à sa mise en oeuvre que Say a réussi et fait école. On ne doit pas s'en étonner ; car tout y était palpable pour ainsi dire, tant Say avait su retracer avec une clarté saisissante les procédés de la production et les forces individuelles qu'elle occupe, tant il avait rendu intelligible, dans sa sphère restreinte, le principe de la division du travail, tant il avait nettement expliqué le commerce des individus ! Il n'y avait pas d'artisan ni de boutiquier qui ne pût le comprendre, et qui ne le comprit d'autant mieux que J.-B. Say lui apprenait moins de choses nouvelles. Car, que, chez le potier, les bras et l'adresse, ou le travail, doivent concourir avec l'argile, ou la matière première, pour produire, au moyen du tour, du four à cuire et du bois à brûler, ou du capital, des pots, c'est-à-dire des produits ayant de la valeur ou des valeurs échangeables, c'était depuis longtemps connu dans toute honnête poterie ; seulement on ne savait pas désigner ces choses par des termes savants ni les généraliser au moyen de ces termes. Bien peu de boutiquiers, sans doute, ignoraient avant J.-B. Say que, dans un échange, les deux parties peuvent réaliser un gain, et que celui qui envoie pour mille thalers (3 750 fr.) de marchandises à l'étranger, et qui reçoit une valeur de 1 500 (5 625 fr.) en retour, gagne 500 thalers (1 875 fr.). On savait depuis longtemps que le travail enrichit et que la paresse engendre la misère, que l'intérêt personnel est l'aiguillon le plus puissant à l'activité, et que, pour avoir des poulets, il ne faut pas manger les oeufs. On ne savait pas, il est vrai, que tout cela était de l'économie politique ; mais on était ravi de se voir si facilement initié aux plus profonds secrets de la science, d'être affranchi par elle de taxes odieuses qui enchérissent si fort nos consommations les plus agréables, et d'obtenir par-dessus le marché la paix perpétuelle, la fraternité sur tout le globe, le millénaire. On ne doit pas s'étonner non plus que tant d'hommes instruits et de fonctionnaires publics se soient rangés au nombre des

---

évident pour la richesse de l'État. » (H. R.)

　　　　　LIVRE TROISIEME : Les systèmes

admirateurs de Smith et de Say ; car le principe du laisser aller et du laisser passer n'exigeait de dépense d'esprit que chez ceux qui, les premiers, l'avaient mis au jour et établi ; les écrivains venus après eux n'avaient autre chose à faire que de reproduire les mêmes arguments, de les orner, de les éclaircir ; et qui n'eût eu l'ambition et la capacité d'être un grand homme d'État, lorsqu'il ne s'agissait pour cela que de rester les bras croisés ?

C'est le propre des systèmes qu'une fois qu'on a admis leurs principes, ou que, dans quelques chapitres, on s'en est aveuglément rapporté à l'auteur, on est perdu. Déclarons tout donc d'abord à M. J.-B. Say que l'économie politique, telle que nous l'entendons, ne se borne point à enseigner comment les valeurs échangeables sont produites par les individus, distribuées entre eux et consommées par eux ; déclarons-lui que l'homme d'État veut et doit savoir quelque chose de plus, qu'il doit connaître comment les forces productives de toute une nation sont éveillées, accrues, protégées, comment elles sont diminuées, endormies, ou même détruites, comment, au moyen des forces productives du pays, les ressources du pays peuvent être le plus efficacement employées à produire l'existence nationale, l'indépendance, la prospérité, la puissance, la civilisation et l'avenir de la nation.

Du principe extrême que l'État peut et doit tout régler, ce système est passé à l'extrême opposé, que l'Etat ne peut et ne doit rien faire, que l'individu est tout et que l'État n'est rien. L'opinion de Say sur la toute-puissance des individus et sur l'impuissance de l'État, est exagérée jusqu'au ridicule. Ne pouvant se défendre d'admirer les efforts de Colbert pour l'éducation industrielle de la nation, il s'écrie : « A peine eût-on pu espérer autant de la sagesse et de l'intérêt personnel des particuliers eux-mêmes. »

Si du système nous passons à l'auteur, nous trouvons dans celui-ci un homme qui, sans connaissance étendue de l'histoire, sans études politiques et administratives approfondies, sans coup d'oeil d'homme d'État ou de philosophe, n'ayant en tête qu'une idée et une idée d'emprunt, remue l'histoire, la politique, la statistique, les relations commerciales et industrielles, pour y trouver quelques témoignages et quelques faits qui puissent lui servir, et pour les façonner à son usage. Lisez ce qu'il a écrit sur l'acte de navigation, sur le traité de Méthuen, sur le système de Colbert, sur le traité d'Éden, etc., et vous y trouverez la confirmation de ce jugement. L'idée ne lui est pas venue d'étudier dans son enchaînement l'histoire du commerce et de l'industrie des nations. Il avoue que des nations sont devenues riches et puissantes sous la protection douanière ; mais, à l'en croire, elles sont devenues telles en dépit et non à cause de la protection, et il veut qu'on l'en croie sur parole. C'est, assure-t-il, parce que Philippe II leur avait interdit l'entrée des ports du Portugal, que les Hollandais ont été amenés à commercer directement avec les Indes orientales ; comme si une telle interdiction était justifiée par le système protecteur ! Comme si les Hollandais n'auraient pas sans elle trouvé la route des Indes ! Say était encore moins satisfait de la statistique et de la politique que de l'histoire, sans doute parce qu'elles produisent de ces faits incommodes, qui si souvent se montraient rebelles à son système, et parce qu'il n'y entendait rien du tout. Il ne cesse de signaler les illusions auxquelles les données statistiques peuvent conduire, et de rappeler que la politique n'a rien de commun avec l'économie politique, ce qui revient à soutenir qu'en examinant un plat d'étain, on n'a pas à s'occuper du métal.

D'abord négociant, puis manufacturier, puis homme politique malheureux, Say s'adonna à l'économie politique, comme on essaie une nouvelle entreprise lorsque l'ancienne ne peut plus marcher. De son propre aveu, il hésitait dans le commencement s'il se prononcerait pour le système mercantile ou pour la liberté commerciale. En haine du système continental qui avait détruit sa fabrique et de l'auteur de ce système qui l'avait éliminé du tribunat, il se décida à prendre parti pour la liberté absolue du commerce.

Le mot de liberté, à quelque occasion qu'on le prononce, exerce depuis cinquante ans en France une influence magique. De plus, sous l'empire comme sous la restauration, Say appartenait à l'opposition, et il ne cessait de recommander l'épargne. Ses écrits devinrent ainsi populaires par des motifs indépendants de leur contenu. Comment sans cela cette popularité eût-elle survécu à la chute de Napoléon, dans un temps où la mise en vigueur de son système aurait infailliblement ruiné les fabriques françaises ? Son attachement opiniâtre au principe cosmopolite, dans de pareilles circonstances, donne la mesure de sa portée politique. La fermeté de sa foi dans les tendances cosmopolites de Canning et de Huskisson montre a quel point il connaissait le monde. Il n'a manqué à sa gloire que de se voir confier par Louis XVIII ou par Charles X le département du commerce et des finances. Nul doute que l'histoire eût inscrit son nom à côté de celui de Colbert, celui-ci comme le créateur, celui-là comme le destructeur de l'industrie nationale [20].

On n'a jamais vu un écrivain exercer avec des moyens si faibles une si grande terreur scientifique que J.-B. Say ; le plus léger doute sur l'infaillibilité de sa doctrine était puni par le terme flétrissant d'obscurantisme, et jusqu'à des hommes tels que Chaptal redoutaient les anathèmes de ce pape de l'économie politique. L'ouvrage de Chaptal sur l'industrie

---

20 Peut-être J.-B. Say, ministre du commerce, eût-il été fort réservé dans l'application de sa théorie. Dans les pays où le système protecteur a une raison d'existence, on a vu plus d'un économiste ultra-libéral se tempérer aux affaires, de même qu'en Angleterre où la liberté du commerce la plus étendue était un intérêt public de premier ordre, on a vu des ministres passer du camp de la protection dans celui du libre échange. Quand des hommes distingués sont revêtus du pouvoir, ils n'y font jamais autre chose que l'oeuvre de leur temps. Les vives attaques de J.-B. Say, non pas contre les excès du système protecteur, mais contre le système protecteur lui-même appliqué à notre pays, ne témoignent pas en faveur de son sens pratique ; mais on ne saurait les attribuer à des motifs de rancune. Say a dit quelque part : « Tourmenté d'un amour inné pour la vérité, je l'ai constamment cherchée avec la plus entière bonne foi. » La lecture de ses ouvrages ne permet pas d'en douter ; et, sans le réputer infaillible, sans voir en lui le dernier mot de la science, on ne peut qu'éprouver un profond respect pour celui qui a appris au continent à peu près tout ce qu'on y sait en économie politique. (H. R.)

française n'est d'un bout à l'autre qu'un exposé des résultats du système protecteur en France ; il le dit expressément ; il déclare que, dans l'état actuel du monde, il n'y avait de salut à espérer pour la France que du système protecteur. Néanmoins, malgré la tendance contraire qui règne dans tout son ouvrage, Chaptal essaie, à l'aide d'un éloge de la liberté du commerce, de se faire pardonner son hérésie par l'école de Say. Say a imité de la papauté jusqu'à l'index. Il n'a pas, il est vrai, prohibé nominativement d'écrits hérétiques ; mais il est plus sévère encore, il les prohibe tous, les orthodoxes tout comme les infidèles ; il engage la jeunesse qui étudie l'économie politique à ne pas lire trop de livres, pour ne pas se laisser trop aisément égarer, mais à n'en lire qu'un petit nombre de bons ; c'était dire en d'autres termes : « Vous lirez Adam Smith et moi, et vous ne lirez que nous. » Mais le père de l'école aurait pu recevoir une trop forte part des hommages de la jeunesse ; son lieutenant et interprète en ce monde y mit bon ordre. D'après Say, les écrits de Smith sont pleins de confusions, de fautes et de contradictions, et il donne à entendre clairement que c'est de lui seul qu'on peut apprendre comment on doit lire Adam Smith.

Toutefois, lorsque Say avait atteint le zénith de sa gloire, on vit paraître de jeunes hérétiques, qui attaquèrent la base de son système avec tant de force et tant d'audace qu'il jugea à propos de les reprendre en particulier et d'éviter doucement un débat public ; parmi eux Taunegay Duchâtel, depuis lors et encore aujourd'hui ministre, était le plus vif et le plus intelligent. « Selon vous, mon cher critique, écrit Say à M. Duchâtel dans une lettre particulière, il ne reste plus dans mon économie politique que des actions sans motifs, des faits sans explication, une chaîne de rapports, dont les extrémités manquent et dont les anneaux les plus importants sont brisés. Je partage donc l'infortune d'Adam Smith dont un de nos critiques a dit qu'il avait fait rétrograder l'économie politique. »

Dans un post-scriptum à cette lettre, il fait cette observation naïve : « Dans le second article que vous annoncez, il est bien

                    LIVRE TROISIEME : Les systèmes

inutile de revenir sur cette polémique, par laquelle nous pourrions bien ennuyer le public. »

Aujourd'hui l'école de Smith et de Say, en France, est dissoute, et, au despotisme inintelligent de la théorie de la valeur échangeable, a succédé une anarchie que ni M. Rossi ni M. Blanqui ne peuvent conjurer. Les saint-simoniens, les fouriéristes, avec des talents remarquables à leur tête, au lieu de réformer l'ancienne science, l'ont rejetée complètement et ont imaginé des utopies. Ce n'est que récemment que les plus intelligents d'entre eux ont essayé de rattacher leur doctrine à celle de l'école précédente et de mettre leurs idées en rapport avec l'état de choses actuel. De leurs travaux, en particulier de ceux de Michel Chevalier, ce grand talent, on doit attendre beaucoup. Ce que ces nouvelles théories contiennent de vrai et d'applicable à notre époque peut s'expliquer en grande partie par le principe de l'association et de l'harmonie des forces productives. L'annihilation de la liberté, de l'indépendance individuelle, est leur côté faible ; chez elles l'individu se perd entièrement dans la société, par opposition à la théorie de la valeur échangeable dans laquelle l'individu est tout et l'État ne doit être rien. Il est possible que l'humanité tende vers la réalisation d'un état de choses tel que ces sectes le rêvent ou le pressentent ; en tout cas, je pense qu'une longue suite de siècles doit s'écouler d'ici là. Il n'a été donné à aucun mortel de trouver dans les inventions et dans l'état social de leur temps la mesure des progrès de l'avenir. L'intelligence de Platon lui-même n'a pu pressentir qu'au bout de milliers de siècles les esclaves de la société seraient fabriqués avec du fer, de l'acier et du laiton ; celle de Cicéron n'a pu prévoir que la presse permettrait l'extension du système représentatif à des empires entiers, peut-être même à des parties du monde et à tout le genre humain. S'il a été donné à quelques grands esprits de deviner les progrès qui s'accompliraient au bout de milliers d'années, comme le Christ avait deviné l'abolition de l'esclavage, chaque époque, néanmoins, a sa mission particulière. La tâche de celle dans laquelle nous vivons ne paraît pas être de morceler le genre humain en phalanstères tels que ceux de Fourier, pour rendre les hommes aussi égaux que possible sous le rapport des jouissances intellectuelles et physiques, mais de perfectionner la force productive, la culture intellectuelle, le régime politique et la puissance des nations, et de les préparer, en les égalisant entre elles le plus possible, à l'association universelle. Car, à supposer que, dans l'état présent du monde, les phalanstères réalisent le but immédiat que se proposent leurs apôtres, on se demande quelle serait leur influence sur la puissance et sur l'indépendance du pays ? Une nation morcelée en phalanstères ne serait-elle pas exposée au danger d'être conquise par d'autres nations moins avancées, qui seraient restées dans leur ancien état, et de voir ces créations prématurées anéanties avec son existence tout entière [21] ?

Présentement la théorie de la valeur échangeable est tombée dans une telle impuissance qu'elle s'occupe presque exclusivement de recherches sur la nature de la rente, et que Ricardo, dans ses Principes d'économie politique, a été jusqu'à dire que déterminer les lois d'après lesquelles le produit du sol se partage entre le propriétaire, le fermier et l'ouvrier, constitue le principal problème de l'économie politique [22].

Tandis que quelques-uns déclarent hardiment que la science est complète et qu'il n'y a plus rien d'essentiel à y ajouter, ceux qui lisent avec le coup d'œil du philosophe ou de l'homme pratique les ouvrages qui en traitent, soutiennent qu'il n'y a point d'économie politique, que cette science est encore à créer, qu'elle n'a été jusqu'à présent qu'une astrologie, mais qu'il est possible et qu'il est désirable qu'il en sorte une astronomie [23].

---

21 Ce passage remarquable, écrit en 1841, emprunte un nouvel intérêt de notre récente et lamentable histoire. (H. R.)

22 Nul doute que le problème de la production ne domine celui de la distribution, en ce sens du moins qu'il faut qu'il y ait beaucoup de richesses créées pour qu'il y en ait beaucoup à répartir ; mais une forte préoccupation peut seule expliquer le dédain que List témoigne ici pour des travaux aussi sérieux que ceux de Ricardo, c'est-à-dire de l'économiste qui a jeté les bases de la science si importante de la distribution des richesses. (H. R.)

23 Les hommes qui possèdent le plus d'autorité pour parler de l'économie politique n'ont jamais prétendu qu'elle eût atteint son complet développement. Nous nous croyons initiés, a dit l'un des plus savants, et nous ne sommes encore que sur le

Afin qu'on ne se méprenne pas sur notre pensée, nous terminons par rappeler que notre critique des écrits de J.-B. Say ainsi que de ceux de ses devanciers et de ses successeurs ne porte que sur les rapports nationaux et internationaux, et que nous n'attaquons pas leur mérite en ce qui touche l'élaboration de doctrines subordonnées. Il est clair que les idées et les déductions d'un auteur sur quelques branches de la science peuvent être excellentes, et la base de son système erronée.

---

seuil. Il y a de la modestie dans ce langage de Mac Culloch, mais on ne peut voir qu'une boutade dans cette étrange assertion de List, que la science est encore à créer, qu'elle n'a été jusqu'à présent qu'à l'état d'astrologie. La science existe depuis trois quarts de siècle ; depuis lors, au milieu des contradictions, des erreurs, des égarements de ses disciples, elle n'a cessé de marcher, et elle a répandu autour d'elle, quoi qu'on ait pu dire, une vive et bienfaisante lumière ; d'elle aussi on serait tenté de dire : « Aveugle qui ne la voit pas ! » Elle est beaucoup plus avancée qu'on ne le pense communément ; mais il ne faut pas considérer les ouvrages de Smith et de Say, quel que soit leur immense mérite, comme l'expression de son état actuel ; ni en Angleterre ni sur le continent, elle ne s'est arrêtée après la mort de ces deux hommes. (H. R.)

LIVRE TROISIEME : Les systèmes

LIVRE QUATRIEME: La politique

Chapitre I : La suprématie insulaire et les puissances continentales - L'Amérique du Nord et la France

Dans tous les temps il y a eu des villes ou des pays qui ont surpassé les autres dans les manufactures, dans le commerce et dans la navigation ; mais le monde n'a point encore vu de suprématie comparable à celle de ce temps-ci. Dans tous les temps des États ont aspiré à la domination, mais aucun n'a encore construit sur une si large base l'édifice de sa puissance. Que l'ambition de ceux qui ont voulu fonder leur domination universelle uniquement sur la force des armes nous paraît misérable au prix de cette grande tentative de l'Angleterre de transformer son territoire tout entier en une immense ville manufacturière et commerçante, en un immense port, et de devenir ainsi parmi les autres contrées ce qu'une vaste cité est par rapport à la campagne, le foyer des arts et des connaissances, le centre du grand commerce et de l'opulence, de la navigation marchande et de la puissance militaire, une place cosmopolite approvisionnant tous les peuples de produits fabriqués et demandant en retour à chaque pays ses matières brutes et ses denrées, l'arsenal des grands capitaux, le banquier universel, disposant des moyens de circulation du monde entier, et se rendant tous les peuples tributaires par le prêt et par la perception des intérêts !

Soyons juste, du reste, envers cette puissance et envers son ambition. Loin d'avoir été arrêté dans ses progrès par l'Angleterre, le monde a reçu d'elle une forte impulsion. Elle a servi de modèle à tous les peuples, dans la politique intérieure et extérieure, dans les grandes inventions et dans les grandes entreprises de toute espèce, dans le perfectionnement des arts utiles et des voies de communication, dans la découverte et dans le défrichement des terres incultes, particulièrement dans l'exploitation des richesses naturelles de la zone torride et dans la civilisation des tribus restées ou retombées à l'état barbare. Qui sait jusqu'à quel point le monde ne serait point attardé, s'il n'y avait point eu d'Angleterre ? Et si L'Angleterre cessait d'exister, qui peut dire jusqu'où le genre humain ne reculerait pas ? Nous nous félicitons, par conséquent, des progrès rapides de cette nation, et nous faisons des voeux pour sa prospérité à tout jamais. Mais devons-nous souhaiter qu'elle fonde sur les débris des autres nationalités un empire universel ? Un cosmopolitisme chimérique ou un étroit esprit mercantile pourrait seul répondre oui à cette question. Nous avons dans les chapitres précédents retracé les conséquences d'une telle dénationalisation et montré que la civilisation du genre humain ne peut résulter que de l'élévation de divers peuples au même degré de culture, de richesse et de puissance ; que la même voie par laquelle l'Angleterre est parvenue d'un état de barbarie à sa grandeur actuelle est ouverte aux autres nations, et que plus d'une aujourd'hui est appelée à marcher sur ces traces.

Les maximes d'État à l'aide desquelles l'Angleterre est devenue ce qu'elle est aujourd'hui, peuvent être réduites aux formules suivantes :

-Préférer constamment l'importation des forces productives à celle des marchandises [24];

---

24 La production même de la laine en Angleterre est due en partie à l'application de

-Entretenir et protéger soigneusement le développement de la force productive ;

-Ne recevoir que des matières brutes et des produits agricoles, et n'exporter que des objets manufacturés ;

-Employer à fonder des colonies et à soumettre des peuples barbares le trop-plein de la force productive ;

-Réserver exclusivement à la métropole l'approvisionnement en objets fabriqués des colonies et des territoires soumis : en revanche, recevoir de préférence leurs matières brutes et, en particulier, leurs denrées tropicales ;

-Se réserver le cabotage et la navigation entre la métropole et les colonies, encourager les pêches maritimes à l'aide de primes, et conquérir la part plus large possible dans la navigation internationale ;

-Devenir ainsi la première puissance navale, au moyen de cette suprématie étendre son commerce extérieur et agrandir incessamment ses établissements coloniaux ;

-N'accorder de facilités dans le commerce colonial et dans la navigation qu'autant qu'elles procuraient plus de gain que de perte ; ne stipuler de réciprocité en matière de taxes de navigation qu'autant que l'avantage était du côté de l'Angleterre, et que c'était un moyen d'empêcher les puissances étrangères d'établir des restrictions maritimes à leur profit ;

-Ne faire aux nations indépendantes de concessions qu'en ce qui touche l'importation des produits agricoles, et à condition de concessions analogues relativement à l'exportation des produits manufacturés ;

-Là où de pareilles concessions ne pouvaient être obtenues par voie de traité, atteindre le même but au moyen de la

---

cette maxime. Édouard IV importa, par une faveur spéciale, 3 000 moutons d'Espagne, pays où l'exportation des moutons était interdite, et les répartit entre les paroisses avec ordre de n'en tuer ni d'en châtrer aucun durant sept années. (*Essai sur le commerce d'Angleterre*, tom. Ier. p. 379.) Après que le but de cette mesure eut été atteint, l'Angleterre répondit à la libéralité du gouvernement espagnol, en prohibant l'importation de la laine d'Espagne. L'effet de cette prohibition, quelque illégitime qu'elle fût, n'est pas plus contestable que celui de la prohibition des laines sous Charles II, en 1672 et 1674.

contrebande ;

-Entreprendre des guerres ou conclure des alliances dans l'intérêt exclusif des manufactures et du commerce, de la navigation et des colonies ; réaliser par là des profits sur les amis comme sur les ennemis ; sur ceux-ci en interrompant leur commerce, sur ceux-là en ruinant leurs manufactures par des subsides payés sous la forme de produits manufacturés.

Jadis ces maximes étaient ouvertement proclamées par tous les ministres et par tous les membres du Parlement. Les ministres de Georges Ier, en 1721, déclarèrent franchement, à propos de la prohibition d'entrée sur les produits fabriqués de l'Inde, qu'une nation ne pouvait devenir riche et puissante, qu'en important des matières brutes et en exportant des objets manufacturés. Encore du temps de lord Chatham et de lord North on ne craignit pas de soutenir en plein Parlement qu'il ne fallait pas permettre à l'Amérique du Nord de fabriquer un fer de cheval.

Depuis Adam Smith une nouvelle maxime été ajoutée à celles qu'on vient d'énumérer, à savoir dissimuler la vraie politique de l'Angleterre à l'aide des expressions et des arguments cosmopolites imaginés par Adam Smith, de manière à empêcher les nations étrangères de l'imiter.

C'est une règle de prudence vulgaire, lorsqu'on est parvenu au faîte de la grandeur, de rejeter l'échelle avec laquelle on l'a atteint, afin d'ôter aux autres le moyen d'y monter après nous. Là est le secret de la doctrine cosmopolite d'Adam Smith et des tendances cosmopolites de son illustre contemporain William Pitt, ainsi que de tous ses successeurs dans le gouvernement de la Grande-Bretagne. Une nation qui, par des droits protecteurs et par des restrictions maritimes, a perfectionné son industrie manufacturière et sa marine marchande au point de ne craindre la concurrence d'aucune autre, n'a pas de plus sage parti à prendre que de repousser loin d'elle ces moyens de son élévation, de prêcher aux autres peuples les avantages de la liberté du commerce et d'exprimer tout haut son repentir d'avoir marché jusqu'ici dans les voies de l'erreur et de n'être arrivée que tardivement à la connaissance de la vérité.

William Pitt fut le premier homme d'État anglais qui comprit l'usage qu'on pouvait faire de la théorie cosmopolite d'Adam Smith, et ce n'était pas en vain qu'il avait constamment avec lui un exemplaire de la Richesse des nations. Son discours de 1786, prononcé à l'adresse, non du Parlement ou de son pays, mais évidemment des hommes d'État inexpérimentés et inhabiles de la France, et calculé uniquement pour les gagner au traité d'Éden, est un chef-d'œuvre de dialectique à la Smith. La France, à l'entendre, était naturellement appelée à l'agriculture et à la production du vin, comme l'Angleterre aux manufactures ; ces deux nations étaient l'une vis-à-vis de l'autre comme deux grands négociants, travaillant dans des branches différentes, qui s'enrichissent l'un l'autre en échangeant leurs marchandises [25]. Pas un mot de l'ancienne maxime de l'Angleterre, que, dans le commerce extérieur, une nation ne peut parvenir au plus haut degré de richesse et de puissance que par l'échange de ses produits manufacturés contre des produits agricoles et des matières brutes. Cette maxime est restée depuis lors un secret d'État de l'Angleterre ; elle cessa d'être publiquement proclamée, mais elle ne fut que plus strictement suivie.

---

25 « La France, disait Pitt, a sur l'Angleterre l'avantage du climat et d'autres dons de la nature, elle la surpasse sous le rapport des produits bruts ; mais l'Angleterre l'emporte sur la France par ses produits fabriqués. Les vins, les eaux-de-vie, les huiles et les vinaigres de France, les deux premiers articles surtout, présentent tant d'importance et tant de valeur, que nos richesses naturelles ne sauraient leur être comparées ; d'un autre côté, il n'est pas moins reconnu que l'Angleterre a le monopole de certaines branches de fabrication, et que dans d'autres elle possède assez d'avantage pour braver toute rivalité de la part de la France. C'est la condition et la base naturelle de relations avantageuses entre les deux pays. Chacun ayant de grands articles qui lui sont propres et possédant ce qui manque à l'autre, ils sont vis-à-vis l'un de l'autre comme deux grands négociants, travaillant dans des branches différentes, qui se rendent mutuellement service en échangeant leurs marchandises. »

Du reste, si, depuis William Pitt, l'Angleterre avait effectivement renoncé au système protecteur comme à une béquille inutile, elle serait aujourd'hui beaucoup plus grande qu'elle ne l'est ; elle serait beaucoup plus près du but qu'elle poursuit, ou du monopole de l'industrie manufacturière dans le monde. Évidemment le moment le plus favorable pour atteindre ce but était l'époque du rétablissement de la paix générale. La haine qu'avait excitée le système continental, avait donné accès à la théorie cosmopolite chez toutes les nations du continent. La Russie, tout le nord de l'Europe, l'Allemagne, la Péninsule espagnole, les États-Unis, toutes ces contrées se seraient estimées heureuses d'échanger leurs produits agricoles et leurs matières brutes contre les objets manufacturés de l'Angleterre. La France elle-même, peut-être, aurait pu, au moyen de concessions importantes en faveur de ses vins et de ses soieries, être amenée à abandonner ses prohibitions. Le temps était venu où, ainsi que Priestley l'a dit de l'acte de navigation, il eût été aussi habile de la part de l'Angleterre d'abolir son système de protection qu'il l'avait été autrefois de l'établir.

Avec une telle politique, tout le superflu des deux continents en matières brutes et en produits agricoles aurait afflué en Angleterre, et le monde entier se serait vêtu de tissus anglais ; tout aurait concouru à accroître la richesse et la puissance de l'Angleterre. L'idée fût difficilement venue, dans le cours du siècle actuel, aux Américains et aux Russes d'adopter un système de protection, aux Allemands de former une association de douanes. On ne se serait pas décidé aisément à sacrifier les avantages du présent aux espérances d'un avenir éloigné.

Mais il n'a pas été donné aux arbres de s'élever jusqu'au ciel. Lord Castlereagh livra la politique commerciale de l'Angleterre à l'aristocratie territoriale, et celle-ci tua la poule aux oeufs d'or. Si elle avait souffert que les manufacturiers anglais régnassent sur tous les marchés, et que la Grande-Bretagne jouât vis-à-vis du reste du monde le rôle d'une ville manufacturière vis-à-vis de la campagne, tout le sol de l'île eût été, ou couvert de maisons et de fabriques, ou employé en parcs de plaisance, en jardins potagers, en vergers, ou affecté, soit à la production du lait et de la viande, soit à celle des plantes industrielles, à ces cultures, enfin, qui ne peuvent être pratiquées que dans le voisinage des grandes cités. Ces cultures seraient devenues pour l'agriculture anglaise infiniment plus lucratives que celle des céréales, et dès lors elles auraient, avec le temps, augmenté les revenus de l'aristocratie bien plus que ne pouvait le faire la prohibition des blés étrangers. Mais cette aristocratie, uniquement touchée de son intérêt du moment, préféra, à l'aide des lois sur les céréales, maintenir ses fermages aux taux élevés auxquels les avait portés l'exclusion, forcément opérée par la guerre, des produits bruts et des blés de l'étranger, et elle contraignit ainsi les nations du continent à chercher leur prospérité dans d'autres voies que celles du libre échange de leurs produits agricoles contre les produits fabriqués de l'Angleterre, c'est-à-dire dans l'établissement de manufactures. Les lois prohibitives de l'Angleterre opérèrent ainsi exactement comme le système continental de Napoléon, seulement avec un peu plus de lenteur.

Lorsque Canning et Huskisson arrivèrent au pouvoir, l'aristocratie territoriale avait déjà trop goûté du fruit défendu pour pouvoir se laisser persuader de renoncer à ses avantages. Ces hommes d'État, de même que les ministres anglais d'aujourd'hui, avaient à résoudre un problème insoluble. Il leur fallait convaincre les nations du continent des avantages de la liberté du commerce, et en même temps maintenir intactes au profit de l'aristocratie les restrictions contre les produits agricoles de l'étranger. Ils étaient, par conséquent, dans l'impossibilité de répondre aux espérances des partisans de la liberté commerciale dans les deux continents. Au milieu de ce déluge de phrases philanthropiques et cosmopolites qui se débitaient dans les discussions générales sur les systèmes commerciaux, ils ne voyaient pas d'inconséquence, chaque fois qu'il était question de modifier quelques taxes du tarif anglais, à appuyer leur argumentation sur le système protecteur.

Huskisson dégreva beaucoup d'articles, mais il ne manqua jamais de démontrer que, même avec un tarif plus faible, les fabriques du pays étaient encore suffisamment protégées. En cela il suivait à peu près les maximes de l'administration des digues en Hollande ; là où les eaux atteignent une grande hauteur, cette sage administration construit des digues élevées ; elle en fait de basses là où les eaux ne s'élèvent que faiblement. De la sorte la réforme, si pompeusement annoncée, du système commercial de l'Angleterre s'est réduite aux proportions d'une jonglerie économique. On a allégué la diminution du droit sur les soieries comme une preuve de la libéralité de l'Angleterre, sans réfléchir que l'Angleterre voulait purement et simplement, dans l'intérêt de ses finances et sans dommage pour ses fabriques de soie, arrêter la contrebande qui s'exerçait sur cet article, et ce but, elle l'a complètement atteint. Mais, si un droit protecteur de 50 à 70 pour cent (c'est ce que paient encore aujourd'hui, y compris le droit additionnel, les soieries étrangères en Angleterre) doit être cité comme une preuve de libéralité, la plupart des nations seraient, sous ce rapport, en avant plutôt qu'à la suite de l'Angleterre [26].

Les démonstrations de Canning et de Huskisson ayant été principalement destinées à faire impression en France et dans l'Amérique du Nord, il ne sera pas sans intérêt de rappeler comment elles ont échoué dans l'un et dans l'autre pays.

De même qu'en 1786, les Anglais avaient encore en France à cette époque un parti nombreux parmi les théoriciens et parmi les libéraux. Séduit par la grande idée de la liberté du commerce et par les arguments superficiels de Say, en lutte contre un gouvernement détesté, soutenu enfin par les places maritimes, par les producteurs de vin et par les fabricants de soieries, le parti libéral réclamait avec emportement, de même qu'en 1786,

---

26 Les droits que les soieries payaient alors à l'importation en Angleterre avaient été calculés pour ressortir à 30 pour cent de la valeur ; mais en fait, surtout par suite de la diminution des prix, ils dépassaient de beaucoup ce taux ; ils atteignaient même, de l'aveu de sir Robert Peel, des taux bien supérieurs à ceux que l'auteur indique ici ; en 1846, ils ont été réduits à 16 pour cent ; ils n'ont pas encore perdu, par conséquent, le caractère de droits protecteurs. (H. R.)

          LIVRE QUATRIEME: La politique

l'extension du commerce avec l'Angleterre, comme le vrai et unique moyen de développer la prospérité du pays.

Quelques reproches qu'on puisse adresser à la Restauration, elle rendit du moins à la France un service qu'on ne peut méconnaître et que la postérité ne lui contestera pas ; elle ne se laissa entraîner ni par les menées de l'Angleterre, ni par les clameurs des libéraux en matière de politique commerciale. Canning avait cette affaire tellement à cœur, que lui-même se rendit à Paris pour convaincre M. de Villèle de l'excellence de ses mesures et pour le déterminer à les imiter. Mais M. de Villèle était trop pratique pour ne pas pénétrer le stratagème ; et l'on assure qu'il répondit à Canning : « Si l'Angleterre, dans l'état d'avancement de son industrie, admet la concurrence étrangère dans une plus large mesure qu'auparavant, cette politique est conforme à son intérêt bien entendu ; mais actuellement il est dans l'intérêt bien entendu de la France d'accorder à ses fabriques, dont le développement est encore imparfait, la protection qui leur est indispensable. Quand le moment sera venu où la concurrence étrangère sera utile à l'industrie française, lui, Villèle, ne manquera pas de faire son profit des exemples de M. Canning. »

Irrité de ce refus, Canning, à son retour, se vanta en plein Parlement d'avoir attaché une pierre au cou du gouvernement français avec l'intervention en Espagne ; ce qui prouve que l'esprit cosmopolite et le libéralisme européen de Canning n'étaient pas aussi sérieux que les honnêtes libéraux du continent voulaient bien le croire ; car, si la cause du libéralisme sur le continent l'avait intéressé le moins du monde, comment Canning eût-il pu abandonner la constitution libérale de l'Espagne à l'intervention française, dans le but unique d'attacher une pierre au cou du gouvernement français ? La vérité est que Canning était un Anglais dans toute la force du terme, et qu'il n'admettait les idées philanthropiques et cosmopolites qu'autant qu'elles pouvaient lui servir à affermir et à étendre la suprématie industrielle et commerciale de l'Angleterre ou à fasciner les nations rivales.

Du reste M. de Villèle n'avait pas besoin d'une grande pénétration pour s'apercevoir du piège que lui tendait Canning. L'expérience d'un pays voisin, l'Allemagne, qui, depuis l'abolition du système continental, n'avait cessé de rétrograder dans son industrie, lui fournissait une preuve éloquente de la valeur réelle du principe de la liberté commerciale tel qu'on l'entendait en Angleterre. De plus, la France se trouvait trop bien alors du système qu'elle avait adopté depuis 1815, pour se laisser tenter, comme le chien de la fable, de quitter la proie pour l'ombre. Les hommes les plus éclairés en matière d'industrie, tels que Chaptal et Charles Dupin, s'étaient exprimés de la manière la moins équivoque sur les résultats de ce système.

L'ouvrage de Chaptal sur l'industrie française n'est pas autre chose qu'une défense de la politique commerciale de la France et un tableau de ses résultats dans l'ensemble et dans les détails. La tendance de cet ouvrage ressort du passage suivant que nous lui empruntons [27] :

« Ainsi, au lieu de nous perdre dans le labyrinthe des abstractions métaphysiques, conservons ce qui est établi, et tâchons de le perfectionner.

« Une bonne législation de douane est la vraie sauvegarde de l'industrie agricole et manufacturière ; elle élève ou diminue les droits aux frontières, selon les circonstances et les besoins ; elle compense le désavantage que notre fabrication peut trouver dans le prix comparé de la main-d'oeuvre ou du combustible ; elle protége les arts naissants par les prohibitions, pour ne les livrer à la concurrence avec les étrangers que lorsqu'ils ont pu réunir tous les degrés de perfection ; elle tend à assurer l'indépendance industrielle de la France, et elle l'enrichit de la main-d'œuvre, qui, comme je l'ai dit plusieurs fois, est la principale source des richesses. »

----

27 *De l'industrie française*, tom. II, p. 417.

Charles Dupin, dans son livre sur les forces productives de la France et sur les progrès de l'industrie française de 1814 à 1827, avait si bien retracé les effets de la politique commerciale suivie par la France depuis la Restauration, qu'un ministre français n'eût pu s'aviser de sacrifier une création d'un demi-siècle, si chèrement achetée, si riche en résultats et si pleine d'espérances, pour prix des merveilles d'un nouveau traité de Méthuen.

Le tarif américain de 1828 était une conséquence naturelle et nécessaire du système commercial de l'Angleterre, système qui repoussait les bois, les blés, les farines et les autres produits bruts des États-Unis, et n'admettait que leurs cotons en échange des articles manufacturés anglais.

Le commerce avec l'Angleterre ne profitait ainsi qu'au travail agricole des esclaves américains ; les États de l'Union les plus libres, les plus éclairés et les plus puissants se voyaient arrêtés dans leurs progrès matériels, et réduits à envoyer dans les solitudes de l'Ouest leur surcroît annuel de population et de capital. Huskisson connaissait parfaitement cet état de choses ; on savait que le ministre anglais à Washington l'avait plus d'une fois averti des conséquences que devait entraîner la politique de l'Angleterre. Si Huskisson avait été, en effet, tel qu'on l'a dépeint à l'étranger, il eût saisi cette occasion heureuse de la promulgation du tarif américain, pour faire comprendre à l'aristocratie anglaise l'absurdité de ses lois sur les céréales et la nécessité de leur abolition. Or, que fit Huskisson ? Il s'emporta contre les Américains ou du moins il affecta la colère, et, dans son émotion, il se permit des assertions dont l'inexactitude était connue de tous les planteurs américains, des menaces qui le rendirent ridicule. Huskisson soutint que les envois de l'Angleterre aux États-Unis formaient à peine le sixième de son exportation totale, tandis que ceux des Etats-Unis à l'Angleterre composaient la moitié de la leur. Il voulait prouver par là que les Etats-Unis dépendaient de l'Angleterre plus que l'Angleterre ne dépendait des États-Unis, et que l'Angleterre avait beaucoup moins à craindre d'une interruption de commerce par suite de guerre, de non-intercourse, etc. Si l'on s'arrête au chiffre des valeurs importées et exportées, le raisonnement de Huskisson paraît plausible ; mais si l'on considère la nature des envois respectifs, on ne comprend pas comment Huskisson a pu employer un argument qui prouve le contraire de ce qu'il voulait établir. Les envois des États-Unis à l'Angleterre se composent, en totalité ou en majeure partie, de matières premières dont celle-ci décuple la valeur, dont elle ne peut se passer, et qu'elle ne peut tirer aujourd'hui d'autres contrées, du moins en quantité suffisante, tandis que toutes leurs importations d'Angleterre consistent en objets qu'ils pourraient ou fabriquer eux-mêmes ou acheter à d'autres pays. Si donc on envisage les suites d'une interruption de commerce entre les deux pays au point de vue de la théorie des valeurs, elles paraissent devoir être tout à fait désavantageuses pour les États-Unis, tandis que, appréciées au moyen de la théorie des forces productives, elles entraînent pour l'Angleterre un préjudice énorme. Chez celle-ci, en effet, les deux tiers des fabriques de coton s'arrêteraient et seraient ruinées, l'Angleterre perdrait, comme par un coup de baguette, une industrie dont le produit annuel surpasse de beaucoup la valeur collective de ses exportations ; les conséquences d'une pareille perte pour la tranquillité, pour la richesse, pour le crédit, pour le commerce et pour la puissance de l'Angleterre, sont incalculables. Quels seraient au contraire, les effets de l'interruption du commerce pour les États-Unis ? Obligés de fabriquer eux-mêmes les articles qu'ils tiraient jusque-là d'Angleterre, ils gagneraient en peu d'années ce que l'Angleterre aurait perdu. Nul doute que, comme autrefois entre l'Angleterre et la Hollande après l'acte de navigation, il ne s'ensuivit une lutte à mort ; et cette lutte aurait peut-être le même résultat que celle dont la Manche fut autrefois le théâtre. Ce n'est pas le moment de retracer tout au long les conséquences d'une rivalité qui, tôt ou tard, ce nous semble, éclatera par la force des choses. Ce qui précède suffit pour mettre en évidence le peu de solidité et le danger du raisonnement de Huskisson, pour montrer combien l'Angleterre était imprudente de contraindre par ses lois sur les céréales les États-Unis à devenir manufacturiers, et combien Huskisson eût été habile si, au lieu de jouer avec des arguments frivoles et périlleux, il se fut appliqué à écarter les causes qui avaient provoqué le tarif américain de 1828.

Afin de prouver aux États-Unis les avantages de leur commerce avec l'Angleterre, Huskisson signalait l'accroissement extraordinaire de leurs exportations de coton ; mais les Américains savaient à quoi s'en tenir sur la valeur de ce nouvel argument. Depuis plus de dix ans, en effet, la production de l'Amérique du Nord en coton avait, d'année en année, tellement dépassé la consommation, que les prix avaient diminué à peu près dans la même proportion que l'exportation avait augmenté, à ce point qu'après avoir, en 1816, retiré 24 millions de dollars (125 millions 400 mille francs) de 80 millions de livres (36 millions de kilog.) de coton, les Américains n'avaient obtenu en 1826 que 2.5 millions de dollars (1 millions 750 mille francs), pour 204 millions de livres (92 millions et demi de kilogrammes).

Enfin, Huskisson menaçait les Américains de l'organisation sur une vaste échelle de la contrebande par le Canada. Il est vrai que, dans l'état actuel des choses, ce moyen est la plus grande entrave que puisse rencontrer le système protecteur aux États-Unis. Mais que suit-il de là ? Que les Américains doivent mettre leur tarif aux pieds du gouvernement britannique, et attendre humblement les décisions qu'il plaira à celui-ci de prendre chaque année au sujet de leur industrie ? Quelle folie ! Il s'ensuit seulement que les Américains prendront et s'incorporeront le Canada, ou, du moins, qu'ils l'aideront à se rendre indépendant, dès que la contrebande canadienne leur sera devenue intolérable. Mais n'est-ce pas le comble de la démence pour une nation parvenue à la suprématie industrielle et commerciale, de contraindre un peuple agriculteur qui lui est étroitement uni par les liens du sang, du langage et des intérêts, à devenir manufacturier, puis, en voulant l'empêcher de suivre une impulsion forcée, de l'obliger à aider ses colonies à elle à s'affranchir ?

Après la mort de Huskisson, M. Poulett Thompson prit la direction des affaires commerciales de l'Angleterre. Il continua la politique de son illustre prédécesseur. Toutefois, en ce qui touche l'Amérique du Nord, il lui resta peu à faire ; car, dans cette contrée, sans l'intervention des Anglais, l'influence des planteurs de coton et des importateurs et les intrigues du parti démocratique avaient déjà provoqué en 1832 ce qu'on a appelé Pacte de compromis, acte qui, tout en corrigeant les exagérations et les vices du tarif précédent, et en laissant encore à la fabrication des tissus de coton et de laine communs une protection passable, fit aux Anglais toutes les concessions qu'ils pouvaient souhaiter, sans équivalents de la part de ceux-ci. Depuis, les envois de l'Angleterre aux Etats-Unis se sont si prodigieusement accrus et ont tellement dépassé ses importations de cette contrée, qu'il est à chaque instant au pouvoir de l'Angleterre d'attirer à elle la quantité qu'il lui plaît des métaux précieux qui circulent aux États-Unis, et d'y occasionner ainsi des crises commerciales chaque fois qu'elle éprouve elle-même un embarras d'argent. Ce qu'il y a de plus étonnant, c'est que l'acte de compromis a eu pour auteur le défenseur le plus considérable et le plus éclairé des intérêts manufacturiers américains, Henri Clay. La prospérité des fabricants à la suite du tarif de 1828 avait si fort excité la jalousie des planteurs de coton, que les Etats du Sud menaçaient d'une rupture de l'Union dans le cas où le tarif de 1828 n'eût pas été modifié. Le gouvernement fédéral, dévoué à l'opinion démocratique, s'était mis par des motifs de parti et par des considérations électorales du côté des planteurs du Sud, et avait su rallier les agriculteurs démocrates des Etats du Centre et de l'Ouest. Chez ces derniers, la hausse des prix, en grande partie produite par la prospérité des fabriques du pays et par la construction d'une multitude de canaux et de chemins de fer, avait refroidi l'ancienne sympathie pour l'intérêt manufacturier ; ils pouvaient craindre, d'ailleurs, de voir les États du Midi pousser leur opposition jusqu'à une dissolution effective de l'Union et jusqu'à la guerre civile. Il convenait aussi aux démocrates du Centre et de l'Est de ménager les sympathies des démocrates du Sud. Par toutes ces causes, l'opinion publique était si favorablement disposée pour la liberté du commerce avec l'Angleterre, qu'un abandon complet des intérêts manufacturiers du pays à la concurrence anglaise était à redouter. Dans de telles circonstances, le bill de compromis de Henry Clay parut le seul moyen de sauver, au moins en partie, le système protecteur. Une partie de l'industrie américaine, la fabrication des articles élégants et chers, fut sacrifiée à la concurrence étrangère, pour sauver une autre partie, la fabrication des articles communs et de peu de prix.

Tout indique néanmoins que, dans le cours des prochaines années, le système protecteur relèvera la tête aux États-Unis, et, qu'il y fera même de nouveaux progrès. Quels qu'aient été les efforts des Anglais pour diminuer ou pour adoucir les crises commerciales aux États-Unis, quelques capitaux considérables qu'ils y fassent passer sous la forme d'achats de fonds publics et de prêts ou au moyen de l'émigration, le défaut d'équilibre toujours subsistant et ne cessant de s'accroître entre la valeur des exportations et celle des importations ne peut pas à la longue être rétablie de cette manière ; des crises redoutables et de plus en plus graves ne peuvent manquer d'éclater, et les Américains finiront par découvrir les causes du mal et par adopter les moyens propres à l'arrêter.

Il est donc dans la nature des choses que le nombre des partisans de la protection augmente et, que celui des partisans de la liberté du commerce diminue.

Jusqu'à présent la demande croissante des denrées alimentaires, causée par l'ancienne prospérité des manufactures, par l'exécution de grands travaux publics et par l'augmentation considérable de la production du coton, et en partie de mauvaises récoltes, ont maintenu à un taux excessif les prix des denrées agricoles ; mais on peut prévoir avec certitude que, dans le cours des années qui vont suivre, ces prix tomberont au-dessous de la moyenne autant qu'ils l'ont jusqu'ici dépassée. Depuis l'acte de compromis, le surcroît des capitaux américains s'est porté en grande partie vers l'agriculture et commence actuellement à donner des résultats. Ainsi, tandis que la production des denrées agricoles s'est énormément accrue, la demande a d'autre part énormément diminué ; premièrement, parce que les travaux publics ne sont plus exécutés sur la même échelle qu'auparavant ; en second lieu, parce que la concurrence étrangère arrête le développement de la population des fabriques ; troisièmement enfin, parce que la production du coton en a tellement excédé la consommation, que les planteurs ont été obligés de produire eux-mêmes les denrées alimentaires qu'ils tiraient auparavant des États du Centre et de l'Ouest. Si, en outre, il survient de riches moissons, les États du Centre et de l'Ouest se verront encombrés de denrées, tout comme ils l'étaient avant le tarif de 1828. Les mêmes causes produisant toujours les mêmes effets, les agriculteurs du Centre et de l'Est viendront de nouveau à comprendre que l'accroissement de la population manufacturière du pays peut seul augmenter la demande des produits agricoles, et qu'il ne peut résulter que d'un développement du système protecteur. En même temps que le parti protectionniste gagnera ainsi chaque jour en nombre et en influence, le parti opposé diminuera dans la même proportion, par la raison que les planteurs de coton, dans une situation différente, ne pourront manquer de reconnaître qu'il est dans leur intérêt bien entendu de voir la population manufacturière du pays s'accroître ainsi que la demande des denrées agricoles et des matières brutes.

Les planteurs de coton et les démocrates des États-Unis, comme nous venons de le montrer, ayant travaillé eux-mêmes avec le plus beau zèle en faveur des intérêts commerciaux de l'Angleterre, M. Poulett Thompson n'eut de ce côté aucune occasion de révéler son habileté diplomatique.

En France, les choses se passaient autrement. L'on y persistait dans le système prohibitif. Il est vrai que beaucoup de fonctionnaires et de députés théoriciens étaient favorables à l'extension des relations commerciales entre l'Angleterre et la France ; l'alliance qui existait entre les deux pays avait donné à cette opinion quelque popularité ; mais on ne s'entendait guère sur les moyens d'atteindre le but, et personne n'avait d'idée nette à cet égard. Il paraissait évident et incontestable que l'élévation des droits sur les denrées alimentaires et sur les matières brutes, ainsi que l'exclusion des charbons et des fers anglais, portait un grave préjudice à l'industrie française, et qu'une plus forte exportation de vins, d'eaux-de-vie et de tissus de soie serait extrêmement avantageuse au pays.

Du reste, on se bornait à de vagues déclamations sur les inconvénients du système prohibitif. Mais on ne pensait pas qu'il fût prudent d'y toucher, du moins immédiatement, le gouvernement de Juillet trouvant ses appuis principaux dans la riche bourgeoisie, en majeure partie intéressée dans les grandes entreprises industrielles.

Ce fut alors que M. Poulett Thompson conçut un plan de campagne qui fait honneur à sa finesse et à sa dextérité comme diplomate. Il envoya en France un savant très au courant du commerce, de l'industrie et de la politique commerciale de ce pays et très-connu par la libéralité de ses opinions, le docteur Bowring. Celui-ci parcourut toute la contrée, puis la Suisse, afin de recueillir sur les lieux des matériaux qui servissent d'arguments contre le système prohibitif et en faveur de la liberté du commerce. Il s'acquitta de cette mission avec l'habileté et la souplesse qui le caractérisent. Il mit principalement en lumière les avantages de relations plus faciles entre les deux pays pour les houilles et pour le fer, pour les vins et pour les eaux-de-vie. Dans le rapport qu'il a publié, son argumentation ne porte guère que sur ces articles ; quant aux autres branches d'industrie, il se borne à des statistiques, sans essayer d'établir comment le libre commerce avec l'Angleterre pourrait les développer et sans faire à leur sujet de propositions.

En cela le docteur Bowring se conforma à ses instructions, que M. Poulett Thompson avait rédigées avec une rare habileté, et qui ont été imprimées en tête de son rapport. M. Thompson y affiche les maximes les plus libérales, et témoigne beaucoup de ménagement pour les intérêts manufacturiers de la France ; il regarde comme invraisemblable qu'on puisse, sous ce rapport, attendre de grands résultats des négociations projetées. Ces instructions étaient bien faites pour rassurer sur les intentions de l'Angleterre les intérêts, devenus si puissants, des industries françaises du coton et de la laine. D'après M. Thompson, il serait insensé de réclamer de leur part de fortes concessions. En revanche il insinue qu'il y aurait plus de chance de succès à l'égard des articles de moindre importance. Ces articles de moindre importance ne sont pas désignés dans les instructions, mais l'expérience de la France a suffisamment révélé ce que ce terme signifiait. Il s'agissait à cette époque d'ouvrir le marché français aux fils et aux tissus de lin de l'Angleterre.

Le gouvernement français, touché des observations du cabinet anglais et de ses agents, et désireux d'accorder à l'Angleterre une faveur peu importante et en dernière analyse avantageuse à la France elle-même, diminua les droits sur les fils et sur les tissus de lin, au point qu'en présence des progrès remarquables accomplis par les Anglais dans ces fabrications, ils cessèrent de protéger l'industrie française. Aussi les envois de ces articles que fit l'Angleterre en France dans les années suivantes s'accrurent-ils prodigieusement, jusqu'à 38 millions de francs en 1838 ; et la France, sur laquelle l'Angleterre avait ici pris l'avance, courut le risque de perdre entièrement, au grand préjudice de son agriculture et de toute sa population rurale, une industrie dont la production s'élevait à une valeur de plusieurs centaines de millions, à moins que, par une élévation de droits, elle n'opposât une digue à la concurrence anglaise.

Il est manifeste que la France fut dupée par M. Poulett Thompson. Évidemment ce dernier avait prévu, dès 1834, l'essor que la fabrication du lin en Angleterre allait prendre dans les années suivantes par l'emploi des nouveaux procédés ; et, dans cette négociation, il avait compté sur l'ignorance où était le gouvernement français de ces procédés et de leurs conséquences nécessaires. Aujourd'hui les auteurs de ce dégrèvement veulent faire croire qu'il ne s'agissait que d'une concession à la fabrication belge. Mais justifient-ils ainsi leur ignorance des progrès de l'Angleterre et leur défaut de prévoyance ?

Quoi qu'il en soit, il n'est pas douteux, du moins, que la France, sous peine de sacrifier à l'Angleterre la plus grande partie de sa fabrication de toiles, doit la protéger de nouveau, et que le premier essai de notre époque pour étendre la liberté du commerce entre l'Angleterre et la France a fourni un témoignage ineffaçable de l'habileté britannique et de l'inexpérience française ; c'est comme un nouveau traité de Méthuen, et comme un second traité d'Éden [28].

Que fit M. Poulett Thompson quand il entendit les plaintes des fabricants de toiles en France et qu'il vit le gouvernement français disposé à réparer la faute qu'il avait commise ? Il fit ce que Huskisson avait fait avant lui, il menaça de prohiber les vins et les soieries de la France. Voilà le cosmopolitisme de l'Angleterre ! Il fallait que la France laissât périr une industrie qui datait d'un millier d'années, une industrie étroitement liée à toute l'existence des classes populaires et particulièrement à l'agriculture, dont les produits sont au nombre des objets de première nécessité pour toutes les classes, et peuvent être estimés à une valeur totale de trois à quatre cents millions, et cela pour acheter le privilège de vendre des vins et des soieries à l'Angleterre pour quelques millions de plus qu'auparavant. Indépendamment de cette disproportion dans les valeurs, on n'a qu'à se demander où en serait la France, dans le cas où les relations commerciales entre les deux pays seraient

---

28 Sans rechercher ici si l'allégation de List sur le machiavélisme supposé de l'Angleterre et sur la prétendue duperie de la France est exacte, je ferai remarquer que l'exhaussement du tarif français sur les fils et tissus de lin et de chanvre en 1842 n'a pas tardé à vérifier ses prévisions. (H. R.)

interrompues par la guerre, si, par exemple, elle venait à ne pouvoir plus écouler en Angleterre son excédant en tissus de soie et en vins, et en même temps à manquer d'un objet indispensable tel que la toile.

On reconnaîtra, en y réfléchissant, que la question des toiles n'est pas seulement une question de prospérité matérielle, que c'est surtout, comme toutes celles qui se rattachent aux manufactures du pays, une question d'indépendance et de puissance nationales.

On dirait que l'esprit d'invention, dans le perfectionnement de l'industrie des toiles, s'est donne la mission de faire comprendre aux nations la nature de l'industrie manufacturière, ses rapports avec l'agriculture, son influence sur l'indépendance et sur la puissance des États, et de mettre en évidence les erreurs de la théorie. L'école, on le sait, soutient que chaque nation possède dans les diverses branches de travail, des avantages particuliers, dons de la nature ou résultats de l'éducation, qui s'égalisent sous la liberté du commerce. Nous avons prouvé, dans un chapitre précédent, que cette maxime n'est vraie que de l'agriculture, où la production dépend en grande partie du climat et de la fertilité du sol, mais qu'elle ne l'est pas de l'industrie manufacturière pour laquelle tous les peuples de la zone tempérée ont une égale vocation, pourvu qu'ils possèdent les conditions matérielles, intellectuelles, politiques et sociales requises à cet effet. L'Angleterre présente aujourd'hui un exemple éclatant à l'appui de notre doctrine. Si, par leur expérience, par leurs efforts persévérants et par les ressources de leur sol, des peuples ont été particulièrement appelés à la fabrication de la toile, ce sont assurément les Allemands, les Belges, les Hollandais et les habitants du nord de la France. Elle est depuis un millier d'années entre leurs mains. Les Anglais, au contraire, jusqu'au milieu du dernier siècle, y étaient si peu avancés, qu'ils importaient de l'étranger une grande partie des toiles qu'ils employaient. Jamais, sans les droits protecteurs qu'à cette époque ils lui accordèrent, l'industrie du pays n'eût pu réussir à approvisionner le marché de l'Angleterre et celui des colonies britanniques, et l'on sait que les lords Castlereagh et Liverpool établirent dans le Parlement que, sans protection, la fabrication anglaise ne pourrait pas soutenir la concurrence des toiles de l'Allemagne. Or, aujourd'hui nous voyons les Anglais, qui, de tout temps, avaient été les plus mauvais fabricants de toiles de l'Europe, tendre, grâce à leurs inventions, à exercer en Europe le monopole de l'industrie linière, de même que, depuis cinquante ans, ils ont envahi l'Inde avec leurs tissus de coton, eux qui durant des siècles n'avaient pas même été capables de soutenir sur leur propre marché la concurrence des tissus de lin.

En ce moment on discute en France la question de savoir comment il se fait que, dans ces derniers temps, l'Angleterre ait accompli de si rapides progrès dans la fabrication de la toile, bien que Napoléon, le premier, ait provoqué, par un prix considérable, l'invention d'une machine à filer le lin, et que les mécaniciens et les industriels français se soient occupés de cet objet avant leurs rivaux d'outre-manche. On se demande lesquels, des Anglais ou des Français, ont le plus de dispositions pour la mécanique. On donne toutes les explications, excepté la véritable. Il est déraisonnable d'attribuer aux Anglais plus de dispositions pour la mécanique, et une plus grande aptitude pour l'industrie en général qu'aux Allemands ou aux Français. Avant Edouard III, les Anglais étaient les plus grands fainéants, les plus grands vauriens de l'Europe ; alors l'idée ne leur fût pas venue de se comparer, pour le génie de la mécanique et pour l'aptitude industrielle, aux italiens, aux Belges ou aux Allemands. Depuis, leur gouvernement a fait leur éducation, et ils sont arrivés peu à peu à pouvoir contester à leurs maîtres la capacité industrielle. Si, dans le cours des vingt dernières années, les Anglais ont su, mieux que d'autres peuples et en particulier que les Français, construire les machines nécessaires à l'industrie du lin [29], c'est 1° qu'ils étaient plus avancés dans la mécanique en général ; 2° qu'ils étaient aussi plus avancés dans le filage et dans le tissage du coton, lesquels ont tant de

---

29 L'auteur paraît ignorer que c'est un Français, Philippe de Girard, qui a inventé la machine à filer le lin. (H. R.)

rapports avec le filage et le tissage du lin ; 3° que leur politique commerciale leur avait procuré plus de capitaux que n'en possédaient les Français ; 4° que cette même politique avait ouvert à leurs produits liniers un marché intérieur beaucoup plus étendu ; 5° enfin, que leurs droits protecteurs, dans de pareilles circonstances, offraient au génie mécanique du pays une plus grande excitation à poursuivre le perfectionnement de cette industrie et de plus grands moyens de s'y appliquer.

Nous avons expliqué ailleurs que, dans l'industrie manufacturière, toutes les branches particulières sont étroitement solidaires, que le perfectionnement de l'une prépare et encourage le perfectionnement de toutes les autres, qu'aucune ne peut être négligée sans que toutes les autres ne s'en ressentent, qu'en un mot l'industrie manufacturière d'une nation constitue un tout indivisible ; les récents progrès de l'Angleterre dans l'industrie des toiles confirment ces maximes.

                    LIVRE QUATRIEME: La politique

Chapitre II : La suprématie insulaire et l'union douanière allemande

L'Allemagne a expérimenté par elle-même, dans ces vingt dernières années, ce que c'est, de nos jours, qu'un grand pays sans une bonne politique commerciale, et ce qu'avec une bonne politique commerciale un grand pays peut devenir. Elle a été, ainsi que Franklin l'a dit de l'État de New-Jersey, comme un tonneau de tous les côtés percé et épuisé par ses voisins. L'Angleterre, non contente d'avoir ruiné la plus grande partie des fabriques de l'Allemagne et de fournir à celle-ci d'immenses quantités de tissus de laine et de coton ainsi que de denrées coloniales, a repoussé ses blés, ses bois, quelque temps même jusqu'à ses laines. Il y a eu un temps où l'Angleterre trouvait en Allemagne, pour ses produits fabriqués, un débouché dix fois plus considérable que dans son empire tant vanté des Indes orientales, et cependant ces insulaires monopoleurs refusaient aux pauvres Allemands ce qu'ils accordaient aux Hindous leurs sujets, la faculté de solder avec des produits agricoles les achats de produits fabriqués. Inutilement les Allemands s'abaissaient jusqu'au rôle de porteurs d'eau et de fendeurs de bois des Anglais, on les traitait plus durement qu'un peuple conquis. Il en est des peuples comme des individus ; ceux qui se laissent maltraiter par un seul seront bientôt méprisés de tous et finiront par devenir le jouet des enfants. La France, qui vend cependant à l'Allemagne du vin, de l'huile, des soieries et des articles de mode pour des valeurs considérables, a resserré le débouché de ses bestiaux, de ses blés et de ses toiles. Que dis-je ? Une petite province maritime, jadis allemande, habitée par des Allemands, qui, devenue riche et puissante grâce à l'Allemagne, n'avait jamais pu subsister qu'avec elle et par elle, a fermé, durant une demi-génération, au moyen de misérables chicanes, le plus beau fleuve de l'Allemagne. Pour comble de moquerie, on a enseigné dans cent chaires que les nations ne peuvent parvenir à la richesse et à la puissance que par la liberté commerciale universelle.

Voilà où en était l'Allemagne ; où en est-elle aujourd'hui ? Elle a, dans l'espace de dix années, avancé d'un siècle en prospérité et en industrie, en conscience d'elle-même et en puissance. Pourquoi cela ? La suppression des barrières qui séparaient entre eux les Allemands a été une mesure excellente, mais elle n'eût porté que de tristes fruits si l'industrie du pays fût restée exposée à la concurrence étrangère. C'est surtout la protection du tarif de l'Association en faveur des produits fabriqués d'un usage général, qui a opéré ce prodige.

Avouons-le franchement, le docteur Bowring l'a péremptoirement établi, le tarif du Zollverein n'est pas, comme on l'a allégué, un tarif purement fiscal ; il ne s'est pas arrêté à 10, à 15 pour cent, ainsi que l'a cru Huskisson ; sur les produits fabriqués d'un usage général, ne craignons pas de le dire, il accorde une protection de 20 à 60 pour cent.

Or, quel est l'effet de cette protection ? Les consommateurs paient-ils les produits fabriqués allemands 20 à 60 pour cent de plus qu'ils ne payaient auparavant les produits étrangers ? Ou bien les produits allemands sont-ils inférieurs ? Nullement. Le docteur Bowring lui-même atteste que les produits des industries protégées par un tarif élevé sont de meilleure qualité et à plus bas prix que les articles étrangers. La concurrence du dedans et la protection contre la concurrence écrasante de l'étranger ont opéré ces miracles, que l'école ignore et veut ignorer. Il n'est donc pas vrai, comme le prétend l'école, que la protection renchérisse les produits indigènes du montant du droit protecteur. Elle peut causer un renchérissement momentané, mais, dans tout pays préparé pour les manufactures, la concurrence intérieure réduit bientôt les prix au-dessous des chiffres qu'ils auraient atteints sous le régime de la libre importation.

L'agriculture a-t-elle souffert de ces droits élevés ? En aucune façon ; elle a prospéré, elle a réalisé depuis dix ans des profits décuples. La demande des produits agricoles s'est accrue, et les prix se sont élevés ; il est notoire que, sous l'influence de l'industrie manufacturière, la propriété foncière a partout haussé de 50 à 100 pour cent ; que partout le travail a obtenu de meilleurs salaires ; que partout de nouvelles voies de communication ont été construites ou projetées.

Des résultats si brillants ne peuvent qu'encourager à avancer dans la même voie ; plusieurs États de l'Union ont fait des propositions dans ce sens ; mais ils n'ont pas réussi encore, parce que d'autres États, paraît-il, n'attendent leur salut que de l'abolition en Angleterre des droits sur le blé et sur les bois, et que des personnages influents, assure-t-on, ont toujours foi dans le système cosmopolite et se défient de leur expérience. Le rapport du docteur Bowring contient à ce sujet, ainsi que sur la situation du Zollverein et sur la tactique du gouvernement anglais, d'importantes révélations. Examinons un peu cet écrit.

Nous commencerons par signaler le point de vue qui a présidé à sa composition. M. Labouchère, président du Conseil de commerce dans le cabinet Melbourne, avait envoyé le docteur Bowring en Allemagne, dans le même but que M. Poulett Thompson, en 1834, lui avait donné une mission en France. Il s'agissait de décider les Allemands à ouvrir leur marché aux produits manufacturés anglais, à l'aide de concessions en faveur de leurs blés et de leurs bois, de même que les Français à l'aide des concessions en faveur de leurs vins et de leurs eaux-de-vie ; seulement les deux missions différaient en ce point, que les concessions à proposer aux Français ne rencontraient point d'opposition en Angleterre, tandis que celles qu'on offrait aux Allemands devaient être d'abord emportées dans l'Angleterre même.

Les deux rapports, par conséquent, devaient avoir une portée différente. Celui qui traitait des relations commerciales entre la France et l'Angleterre était exclusivement à l'adresse des Français. Il fallait leur dire que Colbert, avec son système protecteur, n'avait fait rien de bon, il fallait leur faire croire que le traité d'Eden avait été avantageux à la France, et que le système continental, ainsi que le système prohibitif qui la régissait encore, lui avait été funeste. En un mot, on n'avait ici qu'à s'en tenir à la théorie d'Adam Smith, et à mettre ouvertement en question les résultats du système protecteur.

Le second rapport était moins facile ; il devait s'adresser à la fois aux propriétaires anglais et aux gouvernements allemands. Aux premiers, il fallait dire : « Voici une nation qui, à l'aide des droits protecteurs, a déjà accompli d'immenses progrès industriels, et qui, pourvue de toutes les ressources nécessaires, se prépare résolument à conquérir son marché intérieur tout entier et à rivaliser avec l'Angleterre sur les marchés étrangers ; c'est votre oeuvre maudite, à vous, tories de la chambre haute, à vous gentilshommes de la chambre basse ; c'est le résultat de votre législation insensée sur les céréales ; par elle, les prix des denrées alimentaires, des matières brutes et de la main-d'oeuvre ont été déprimés en Allemagne, par elle les fabriques allemandes ont été placées dans de meilleures conditions que les fabriques anglaises. Hâtez-vous donc, fous que vous êtes, d'abolir cette législation. Vous causerez ici aux fabriques allemandes un double, un triple dommage ; d'abord il s'ensuivra en Allemagne une hausse et en Angleterre une baisse des denrées alimentaires, des matières brutes et de la main-d'oeuvre ; en second lieu l'exportation des blés d'Allemagne en Angleterre facilitera l'écoulement des produits fabriqués d'Angleterre en Allemagne ; troisièmement, l'Association douanière allemande s'est déclarée prête à réduire ses droits sur les tissus de coton et de laine communs dans la même proportion que l'Angleterre favorisera l'importation des blés et des bois allemands. Nous ne pouvons donc manquer, nous autres Anglais, de ruiner de nouveau les fabriques allemandes. Mais il faut se presser. Chaque année les intérêts manufacturiers acquièrent dans l'Union plus d'influence, et, si vous hésitez, l'abolition de la législation sur les céréales viendra trop tard. Encore quelque temps, et le fléau de la balance se déplacera. Bientôt les fabriques allemandes créeront une si forte demande de produits agricoles que l'Allemagne n'aura plus de blé à vendre à l'étranger. Quelles concessions aurez-vous alors à lui offrir, pour la décider à porter la main sur ses fabriques, pour l'empêcher de filer elle-même le coton qu'elle tisse et de vous disputer en tout pays votre clientèle étrangère ? »

Voilà ce que l'auteur du rapport avait à faire comprendre aux propriétaires fonciers du Parlement. Le régime politique de la Grande-Bretagne ne permet pas de rapports secrets de chancellerie. L'écrit du docteur Bowring devait donc être public, par conséquent parvenir au moyen de traductions et d'extraits à la connaissance des Allemands. Il fallait donc s'y abstenir de toute expression de nature à éclairer les Allemands sur leurs véritables intérêts. Chaque argument à l'adresse du Parlement devait être tempéré par un antidote à l'usage des gouvernements d'Allemagne ; il fallait soutenir que les droits protecteurs en Allemagne avaient donné une direction fausse à beaucoup de capitaux, qu'ils portaient préjudice aux intérêts agricoles ; que ces intérêts ne devaient s'occuper que des marchés extérieurs, que l'agriculture était la première industrie allemande, puisqu'elle occupait les trois quarts des habitants, qu'ainsi c'était se moquer que de parler de protection pour les producteurs, que les intérêts manufacturiers eux-mêmes ne pouvaient prospérer qu'au moyen de la concurrence avec l'étranger ; que l'opinion publique en Allemagne était pour la liberté du commerce ; que les lumières y étaient trop répandues pour que des réclamations en faveur de droits élevés y pussent réussir ; que les hommes les plus éclairés du pays étaient partisans d'une diminution des droits sur les tissus communs en laine et en coton, dans le cas où les droits du tarif anglais sur le blé et sur le bois viendraient à être adoucis.

De ce rapport, en un mot, s'élèvent deux voix opposées et contradictoires. Laquelle est la vraie ? Celle qui s'adresse au parlement d'Angleterre, ou celle qui parle aux gouvernements d'Allemagne ? il est difficile de répondre aux considérations que présente le docteur Bowring pour décider le Parlement à diminuer les droits d'entrée sur le blé et sur le bois en s'appuyant sur des données statistiques, sur des calculs précis, sur des témoignages ; toutes celles qui ont pour but de détourner les gouvernements allemands du système protecteur se réduisent à de simples assertions.

Arrêtons-nous sur les arguments par lesquels le docteur Bowring prouve au Parlement, que, dans le cas où les progrès du système protecteur en Allemagne ne seraient pas arrêtés par les moyens qu'il propose, le marché allemand serait irrévocablement perdu pour les manufactures anglaises.

Le peuple allemand se distingue, dit-il, par la modération, par l'économie, par l'application et par l'intelligence. Il est généralement instruit. D'excellentes écoles spéciales ont répandu les connaissances techniques dans tout le pays. L'art du dessin y est même cultivé beaucoup plus qu'en Angleterre. L'accroissement considérable que la population présente, chaque année, ainsi que le nombre des bestiaux et surtout des moutons, témoigne de l'essor qu'y a pris l'agriculture (le docteur Bowring omet ici le fait capital de la hausse dans la valeur des propriétés et dans le prix des produits agricoles). Dans les districts manufacturiers le taux des salaires s'est accru de 30 pour cent ; le pays surabonde en chutes d'eau inemployées, les moins coûteuses de toutes les forces motrices. L'exploitation des mines y offre partout une activité qu'elle n'a jamais eue jusque-là. De 1832 à 1837 [30], l'Allemagne a accompli des progrès signalés dans toutes les branches d'industrie protégées, et particulièrement dans les lainages et dans les cotonnades d'un usage général, dont l'importation d'Angleterre a

____

30 J'ai supprimé ici toute une page de chiffres qui seraient aujourd'hui fort arriérés»
    (H. R.)

                          LIVRE QUATRIEME: La politique

complètement cessé. Néanmoins le docteur Bowring reconnaît, d'après des témoignages qui lui paraissent dignes de foi : « que le prix des tissus prussiens est sensiblement plus bas que celui des tissus anglais, que certaines couleurs, sans doute, n'égalent pas celles des meilleures teintureries anglaises, mais que d'autres sont irréprochables et aussi parfaites que possible ; que, pour le filage, le lissage et tous les procédés d'élaboration, l'Allemagne marche complètement de pair avec la Grande-Bretagne, qu'elle décèle seulement une infériorité marquée sous le rapport de l'apprêt, mais que les imperfections de son industrie disparaîtront avec le temps. » On conçoit aisément que de pareils exposés finissent par décider le Parlement anglais à abolir une législation qui, jusqu'à présent, a opéré comme une protection à l'égard de l'Allemagne ; mais ce qui nous paraît souverainement incompréhensible, c'est qu'on ait pu espérer par ce rapport disposer l'Union allemande à abandonner un système auquel elle est redevable d'immenses progrès.

Le docteur Bowring nous assure que l'industrie de l'Allemagne est protégée aux dépens de son agriculture ; mais quelle foi pouvons-nous mettre dans son assertion, quand nous voyons la demande des produits agricoles, le prix de ces produits, le taux des salaires, la rente et la valeur des bien-fonds augmenter partout dans une proportion considérable, sans que l'agriculture achète les objets manufacturés plus cher qu'auparavant ?

Le docteur Bowring estime qu'en Allemagne on compte trois agriculteurs sur un manufacturier ; mais il ne fait en cela que nous prouver que le nombre des manufacturiers n'est pas encore en rapport avec celui des agriculteurs ; et l'on ne voit pas comment on pourrait rétablir la proportion, si ce n'est en étendant la protection à ces industries qu'exercent encore aujourd'hui en Angleterre, pour approvisionner le marché allemand, des travailleurs qui consomment les denrées de l'Angleterre au lieu de celles de l'Allemagne.

Le docteur Bowring prétend que l'agriculture ne doit s'occuper que de l'étranger pour l'accroissement de ses débouchés ; mais non-seulement l'exemple de l'Angleterre enseigne qu'une forte demande des produits agricoles ne peut être déterminée que par une fabrication indigène florissante, le docteur Bowring lui-même le reconnaît implicitement en exprimant dans son rapport la crainte que, si l'Angleterre retarde encore de quelques années l'abolition de sa loi sur les céréales, l'Allemagne n'ait plus ni blés ni bois à vendre à l'étranger.

Le docteur Bowring est dans le vrai, lorsqu'il soutient que l'intérêt agricole a conservé la prépondérance en Allemagne ; mais cet intérêt, par cela même qu'il est prépondérant, doit, ainsi que nous l'avons montré dans de précédents chapitres, travailler, par le développement de l'intérêt manufacturier, à établir un juste équilibre ; car la prospérité de l'agriculture repose sur son équilibre avec l'intérêt manufacturier et non sur sa propre prépondérance.

Mais l'auteur du rapport se trompe complètement, à notre avis, en affirmant que l'intérêt des manufactures allemandes elles-mêmes appelle la concurrence de l'étranger sur les marchés allemands, par la raison que, sitôt qu'elles seront en mesure d'approvisionner le pays, elles rencontreront au dehors, pour l'excédant de leur production, cette même concurrence qu'elles ne pourront soutenir que par le bon marché ; or, le bon marché est contraire à l'essence du système protecteur, qui n'a pour but que d'assurer des prix élevés au fabricant. Ce raisonnement contient autant d'erreurs et de faussetés que de mots. Le docteur Bowring ne saurait nier que le fabricant peut vendre ses articles à un prix d'autant plus bas qu'il produit davantage, et que, par conséquent, une industrie qui est déjà maîtresse du marché du pays peut d'autant mieux travailler à bon marché pour l'étranger. Il en trouvera la preuve dans les tableaux mêmes qu'il a publiés sur les progrès de l'industrie allemande ; à mesure, en effet, qu'elle prenait possession du marché national, elle développait aussi ses exportations. La récente expérience de l'Allemagne, de même que l'expérience ancienne de l'Angleterre, enseigne que le système protecteur n'a point pour conséquence nécessaire le prix élevé des objets manufacturés. L'industrie allemande, enfin, est loin encore de suffire à l'approvisionnement du marché national. Pour y parvenir, il faut d'abord qu'elle fabrique les 13 000 quintaux (650 000 kilog.) [31] de tissus de coton, les 18 000 quintaux (900 000 kilog.) de tissus de laine, et les 500 000 quintaux (2 500 000 kilog.) de fils de coton et de lin, qui actuellement s'importent d'Angleterre. Une fois ce résultat atteint, l'Allemagne aura à importer en plus un demi-million de quintaux (2 500 000 kilog.) de coton en laine, et à cet effet elle accroîtra dans la même proportion ses relations directes avec les pays de la zone torride, en payant une grande partie, sinon la totalité de ce coton, avec les produits de ses fabriques.

L'opinion émise dans le rapport que le sentiment public en Allemagne est pour la liberté du commerce, doit être rectifiée en ce sens que, depuis la constitution de l'union douanière, on se fait une idée plus nette de ce que veut dire en Angleterre le mot de liberté du commerce ; car depuis lors, comme le dit le docteur Bowring : « les idées du peuple allemand out quitté la sphère de l'espérance et de la fantaisie pour celle des intérêts positifs et matériels. »

Il dit avec raison que les lumières sont très-répandues en Allemagne ; c'est pour cela qu'on a cessé d'y poursuivre des rêves cosmopolites, qu'on y pense aujourd'hui par soi-même, qu'on s'en rapporte à son propre jugement, à son expérience personnelle, à son bon sens particulier plus qu'à des systèmes exclusifs que démentent toutes les expériences ; que l'on commence à comprendre pourquoi Burke, s'ouvrant à Adam Smith, lui déclarait qu'une nation doit être gouvernée, non d'après des systèmes cosmopolites, mais d'après une connaissance approfondie de ses intérêts ; c'est pour cela qu'on

---

31 Le quintal du Zollverein 50 kilog.

se défie en Allemagne de ces conseillers qui soufflent en même temps le froid et le chaud ; qu'on apprécie à leur juste valeur les avantages de rivaux industriels et leurs propositions ; qu'on se rappelle enfin, chaque fois qu'il est question d'offres de l'Angleterre, le mot fameux sur les présents des Grecs.

Il y a donc lieu de douter que des hommes d'État influents en Allemagne aient sérieusement fait espérer à l'auteur du rapport, que ce pays renoncerait à son système protecteur pour prix de la misérable concession de pouvoir faire en Angleterre quelques envois de blés et de bois. Dans tous les cas, l'opinion publique hésiterait à ranger ces hommes d'État dans la classe de ceux qui réfléchissent. Pour mériter aujourd'hui ce titre en Allemagne, il ne suffit pas d'avoir appris par coeur les phrases banales et les arguments connus de l'école cosmopolite ; on exige qu'un homme d'État connaisse les forces et les besoins du pays, et, sans se préoccuper des systèmes, s'applique à développer les premières et à pourvoir aux seconds. Celui-là trahirait une ignorance grossière de ces forces et de ces besoins, qui ne saurait pas quels immenses efforts ont été nécessaires pour porter l'industrie d'un pays au degré où l'industrie allemande est déjà parvenue, qui serait incapable de prévoir le brillant avenir de celle-ci, qui pourrait tromper la confiance que les industriels allemands ont placée dans la sagesse de leurs gouvernements et porter une profonde atteinte à l'esprit d'entreprise de la nation ; qui ne saurait pas distinguer le rang élevé qu'occupe une nation manufacturière de premier ordre d'avec l'humble situation d'un pays exportateur de blé et de bois ; qui ne comprendrait pas combien est précaire, même en temps ordinaire, un débouché étranger pour ces articles, avec quelle facilité des concessions dont elles auraient été l'objet peuvent être retirées, et quelles convulsions entraînerait une interruption de ce commerce causée par la guerre ou par des restrictions ; qui enfin n'aurait pas appris par l'exemple des autres grands États à quel point l'existence, l'indépendance et la puissance d'une nation dépendent de la possession d'une industrie manufacturière développée dans toutes ses branches.

     LIVRE QUATRIEME: La politique

En vérité, il faut tenir bien peu de compte de l'idée de nationalité et d'unité qui a surgi en Allemagne depuis 1830, pour croire avec l'auteur du rapport que la politique de l'Association se réglera sur les intérêts de la Prusse [32], par la raison que les deux tiers de la population y sont prussiens, que les intérêts de la Prusse réclament l'exportation de ses bois et de ses blés en Angleterre, que son capital manufacturier est insignifiant, que la Prusse, par conséquent, s'opposera à toute entrave à l'importation des produits fabriqués étrangers, que tous les chefs des départements ministériels y sont déterminés.

On lit cependant dans le commencement du rapport : « L'Association commerciale allemande est la réalisation de l'idée de nationalité si répandue dans ce pays. Si cette association est bien dirigée, elle amènera la fusion de tous les intérêts allemands en un seul. Ses bienfaits l'ont rendue populaire. C'est le premier pas vers l'unité allemande. Par la communauté des intérêts dans les questions de commerce, elle a frayé la voie à l'unité politique et elle a substitué à des vues étroites, à des préjugés et à des habitudes surannées un large et puissant élément national. » Comment concilier avec ces observations si pleines de justesse l'opinion que la Prusse sacrifierait l'indépendance et la grandeur future du pays à de mesquines considérations d'intérêt privé, d'intérêt mal entendu et en tout cas temporaire, qu'elle ne comprendrait pas que l'Allemagne s'élève ou descend suivant qu'elle est ou non fidèle à sa politique commerciale, comme la Prusse elle-même monte ou tombe avec l'Allemagne ? Comment concilier cette assertion, que les chefs de départements, en Prusse, seraient contraires au système protecteur, avec ce fait que les droits élevés sur les tissus de laine et de coton communs sont émanés de la Prusse ?

---

32 Les intérêts de la Prusse sont loin d'être homogènes, ainsi qu'on le pourrait conclure du rapport de Bowring ; il faut distinguer soigneusement les intérêts des provinces manufacturières de l'Ouest ou en deçà du Wéser, qui sympathisent avec le midi de l'Association allemande et où les idées de protection prédominent, d'avec ceux de provinces de l'Est ou au delà du Wéser, et particulièrement des provinces agricoles de la Baltique qui exportent des blés et des bois en Angleterre, et où prévaut la doctrine de la liberté commerciale. Du reste, dans les conférences douanières du Zollverein, la Prusse s'est montrée protectionniste modérée, jamais ultra-libérale. (H. R.)

Ces contradictions, et le brillant tableau que le docteur a tracé de l'industrie saxonne et de ses progrès, ne doivent-ils pas donner à penser qu'il a voulu éveiller la jalousie de la Prusse ?

Quoi qu'il en soit, il est étrange que le docteur Bowring ait attaché tant d'importance au sentiment particulier des chefs de départements, lui, publiciste anglais, qui connaît la puissance de l'opinion publique, et qui doit savoir que, de nos jours, les idées personnelles des chefs de départements, même dans les États non constitutionnels, sont de peu de poids quand elles se trouvent en lutte avec cette opinion publique, avec les intérêts matériels du pays, quand leur tendance est rétrograde et antinationale. Il le comprend fort bien, du reste, lorsqu'il avoue, page 98, que le gouvernement prussien, de même que le gouvernement anglais au sujet de l'abolition de l'acte sur les céréales, a reconnu par expérience que l'opinion des fonctionnaires publics pouvait bien ne pas partout prévaloir ; qu'il y avait lieu par conséquent, de considérer si le blé et le bois de l'Allemagne ne devaient pas être admis en Angleterre, même sans concessions préalables de l'Union allemande, de manière à frayer la voie sur les marchés allemands aux produits des fabriques anglaises. Cette manière de voir est parfaitement juste. Le docteur Bowring comprend que les lois des céréales en Angleterre ont fait grandir l'industrie allemande, que, sans elles, cette industrie n'aurait pas pris de force, que leur abolition est de nature non seulement à arrêter ses progrès ultérieurs, mais encore à la faire reculer, si l'on suppose du moins que la législation de douane de l'Allemagne reste telle qu'elle est. Il est fâcheux seulement que les Anglais n'aient pas reconnu, il y a vingt ans, la justesse de ce raisonnement. Aujourd'hui, après que la législation anglaise elle-même a isolé l'agriculture allemande des manufactures britanniques, l'Allemagne, qui, depuis vingt ans, a avancé dans la voie du progrès industriel au prix d'immenses sacrifices, serait aveugle de se laisser détourner par l'abolition des lois anglaises du grand but national qu'elle poursuit. Oui, nous avons la ferme conviction que l'Allemagne, dans cette hypothèse, devrait élever ses droits protecteurs de manière à compenser l'avantage que l'abolition des lois sur les céréales donnerait aux fabriques anglaises vis-à-vis des fabriques allemandes. Longtemps encore l'Allemagne n'aura pas d'autre politique à suivre vis-à-vis de l'Angleterre que celle d'une nation manufacturière arriérée encore, qui déploie tout son énergie pour rejoindre celle qui l'a devancée. Toute autre politique mettrait en péril la nationalité allemande. Si les Anglais ont besoin des blés ou des bois de l'étranger, qu'ils en tirent d'Allemagne ou de tout autre pays. L'Allemagne ne travaillera pas moins à conserver les progrès que son industrie a déjà accomplis et à encourager ses progrès à venir. Si les Anglais ne veulent pas entendre parler des blés et des bois de l'Allemagne, rien de mieux ; son industrie, sa navigation marchande et son commerce extérieur ne grandiront que plus vite, son système de communications intérieures ne se perfectionnera que plus rapidement, et la nationalité allemande n'acquerra que plus sûrement sa base naturelle. Peut-être la Prusse ne verra-t-elle pas le prix des blés et des bois de ses provinces de la Baltique hausser aussi promptement dans ce cas que dans celui de l'ouverture immédiate du marché britannique ; mais le perfectionnement des voies de communication à l'intérieur et la demande de produits agricoles créée par les manufactures du pays accroîtront, avec une certaine rapidité, le débouché de ces provinces au sein même de l'Allemagne, et tout progrès basé sur ce débouché intérieur de leurs denrées leur sera pour jamais acquis ; elles n'oscilleront plus, comme elles l'ont fait jusqu'à présent, d'une période décennale à une autre, entre la détresse et la prospérité. Pour ce qui est de la puissance, la Prusse, en suivant cette politique, gagnera en influence réelle sur l'intérieur de l'Allemagne cent fois plus qu'elle n'aura sacrifié en valeurs dans ses provinces de la Baltique ou plutôt qu'elle n'aura prêté à l'avenir.

Il est évident qu'au moyen de ce rapport le ministère anglais désire obtenir l'admission en Allemagne des tissus communs de laine et de coton, soit par la suppression ou la modification des droits au poids, soit par l'abaissement du tarif, soit par l'admission sur le marché anglais des blés et des bois allemands ; ainsi serait ouverte la première brèche au système protecteur de l'Allemagne. Les articles de consommation générale sont, ainsi que nous l'avons déjà fait voir, de beaucoup les plus importants ; ils constituent la base de l'industrie nationale. Avec un droit de 10 pour 0/0 ad valorem, tel que le veut l'Angleterre, et les déclarations inexactes dans lesquelles elle est exercée, la plus grande partie de l'industrie allemande serait sacrifiée à la concurrence anglaise, surtout lors de ces crises commerciales où les fabricants anglais sont obligés de se défaire à tout prix de leurs marchandises. Il n'y a donc pas d'exagération à soutenir que les propositions de l'Angleterre ne tendent à rien moins qu'au renversement de tout le système protecteur allemand, afin de rabaisser l'Allemagne à l'état de colonie agricole de l'Angleterre. C'est dans ce but qu'on signale à la Prusse le profit que son agriculture retirerait d'un abaissement des droits sur les blés et sur les bois en Angleterre, et le peu d'importance de ses intérêts manufacturiers. C'est dans cette pensée qu'on lui offre la perspective d'un dégrèvement des eaux-de-vie. Pour ne pas négliger entièrement les autres États, on promet de réduire à 5 pour 0/0 les droits sur les articles de Nuremberg, sur les jouets d'enfants, sur l'eau de Cologne et sur d'autres bagatelles. Cela fait plaisir aux petits États et coûte peu de chose.

On veut, par le rapport, persuader aux gouvernements allemands qu'il est dans l'intérêt de leur pays que l'Angleterre file pour lui le coton et le lin. Nul doute que la politique de l'Union, qui a consisté à venir en aide d'abord à l'impression, puis au tissage, et à importer les fils de qualités moyennes et supérieures, n'ait été jusqu'ici la bonne. Mais il ne s'ensuit nullement qu'elle soit bonne à toujours. La législation de douane doit marcher avec l'industrie nationale, afin de remplir sa mission. Il a déjà été question des immenses avantages que la filature du coton, indépendamment de son importance intrinsèque, amène avec elle ; elle nous crée des relations directes avec les pays de la zone torride, elle exerce par là une influence considérable sur notre navigation marchande et sur notre exportation, d'objets manufacturés, et, plus que toute autre industrie, elle anime nos ateliers pour la construction des machines. Puisqu'il est constant que ni le manque de cours d'eau et de bons ouvriers, ni le défaut de capitaux matériels ou d'intelligence n'empêcheront l'Allemagne d'exercer elle-même cette grande et féconde industrie, on ne voit pas pourquoi nous n'élèverions pas peu à peu la protection sur les divers numéros de fils de coton, de manière à filer nous-mêmes en moyenne, au bout de 5 ou 10 ans, de quoi suffire à nos besoins. Si haut que l'on estime les avantages de l'exportation du blé et du bois, ils sont loin d'égaler ceux que nous procurerait le filage. Oui, nous n'hésitons pas à le déclarer, le calcul des consommations de produits agricoles et forestiers qu'occasionnerait le filage du coton, établirait péremptoirement que cette branche d'industrie doit assurer aux propriétaires fonciers d'Allemagne de tous autres profits que ceux que peut leur offrir le marché étranger.

Le docteur Bowring doute que le Hanovre, le Brunswick [33], les deux Mecklembourg, Oldenbourg, et les villes anséatiques accèdent au Zollverein, à moins que celui-ci n'opère une diminution radicale de ses droits d'entrée. Pour le moment il ne peut être question d'un moyen, qui serait cent fois pire que le mal auquel on veut porter remède. Notre foi dans l'avenir de l'Allemagne n'est pas d'ailleurs aussi faible que celle de l'auteur du rapport. De même que la révolution de Juillet a été féconde pour l'Association allemande, la première grande commotion fera disparaître tous les petits scrupules qui ont empêché jusqu'ici ces petits États de céder aux exigences supérieures de la nationalité. À quel point l'unité commerciale importe à la nationalité, et combien, abstraction faite des intérêts matériels, elle est utile aux gouvernements allemands, on en a fait récemment une première et remarquable expérience, lorsqu'en France on a affiché des prétentions sur la frontière du Rhin.

Chaque jour les gouvernements et les peuples en Allemagne comprendront mieux que l'unité nationale est le roc sur lequel doit reposer l'édifice de leur prospérité, de leur considération, de leur puissance, de leur sûreté dans le présent et de leur

____

33 Le Brunswick a accédé en 1842, Hanovre et Oldenbourg en 1854. (H. R.)

grandeur dans l'avenir. Chaque jour, par conséquent, la révolte des petits Etats du littoral contre le Zollverein apparaîtra non-seulement aux États associés, mais aux Etats séparés eux-mêmes, comme un scandale national qu'il convient de faire cesser à tout prix. Du reste, si l'on y regarde de près, les avantages matériels de l'accession sont pour ces derniers bien supérieurs aux sacrifices qu'elle exige. Plus l'industrie manufacturière, les voies de communication, la navigation marchande et le commerce extérieur de l'Allemagne se développeront, comme ils peuvent et doivent le faire dans un pays plein de ressources, sous l'influence d'une politique commerciale habile, plus le désir de prendre une part directe à ces avantages s'éveillera dans ces États, plus ils renonceront à l'habitude coupable d'attendre leur fortune de l'étranger.

Quant aux villes anséatiques en particulier, l'esprit d'indépendance qui anime le district souverain de Hambourg ne détruit point nos espérances. Dans ces villes, au témoignage du docteur Bowring lui-même, un grand nombre d'esprits comprennent que Hambourg, Brème et Lubeek doivent être à l'Allemagne ce que Londres et Liverpool sont à l'Angleterre, ce que New-York, Boston, Philadelphie sont aux États-Unis, et reconnaissent que la confédération promet à leur commerce des avantages dépassant beaucoup les inconvénients de la soumission à ses résolutions collectives, qu'une prospérité sans garantie de durée n'est en dernière analyse qu'une pure apparence.

Quel habitant sensé de ces ports de mer pourrait se réjouir sans réserve de l'augmentation constante de leur tonnage, de l'extension progressive de leurs relations, quand il réfléchit que deux frégates parties d'Helgoland, qui se présenteraient aux embouchures du Wéser et de l'Elbe, pourraient détruire en vingt-quatre heures l'ouvrage d'un quart de siècle ? L'Association garantira pour toujours à ces places leur prospérité et leurs progrès, d'une part au moyen d'une flotte à elle, de l'autre à l'aide d'alliances. Elle protégera leurs pêcheries, favorisera leur navigation, et, par une bonne organisation consulaire, par des traités, elle affermira et développera leurs relations commerciales dans toutes les parties du monde et dans tous les ports. En partie par leur entremise elle fondera des colonies, et son commerce colonial sera entre leurs mains. Car une confédération de 35 millions d'âmes (elle en comptera autant pour le moins quand elle sera complète), qui, avec un accroissement moyen annuel d'un et demi pour cent dans sa population, peut aisément chaque année envoyer au dehors deux ou trois cent mille individus, dont les provinces fourmillent d'hommes instruits, intelligents, disposés à chercher fortune en de lointains pays, prenant racine en tout lieu, s'établissant partout où il y a des terres vierges à défricher, une telle confédération est destinée par la nature à prendre le premier rang parmi les nations qui fondent des colonies et qui propagent la civilisation.

La nécessité de cet achèvement du Zollverein est si généralement sentie en Allemagne que l'auteur du rapport ne peut s'empêcher d'en faire la remarque : « Un littoral plus étendu, un plus grand nombre de ports, une navigation plus considérable, un pavillon fédéral, une marine militaire et marchande, voilà ce que désirent généralement les partisans du Zollverein ; mais l'Union a peu de chances de prévaloir contre les escadres grandissantes de la Russie et contre les marines commerciales de la Hollande et des villes anséatiques. » Contre elles, sans doute, l'Union ne peut rien, mais elle ne serait que plus forte avec et par elles. Il est dans la nature de tout pouvoir de diviser pour régner. Après avoir expliqué comment les États du littoral seraient insensés d'accéder au Zollverein, le docteur Bowring sépare à jamais les grands ports allemands du reste de l'Allemagne, en nous entretenant des magasins d'Altona qui pourraient nuire à ceux de Hambourg, comme si un grand État commercial ne trouverait pas le moyen de tirer parti des magasins d'Altona. Nous ne suivrons pas l'auteur dans ses raisonnements subtils, nous nous bornerons à remarquer que, appliqués à l'Angleterre, ils prouveraient que Londres et Liverpool accroîtraient immensément leur prospérité en se séparant du reste du pays. La pensée inspiratrice de cette argumentation ressort nettement du rapport du consul anglais à Rotterdam : « Dans l'intérêt du commerce britannique, dit M. Alexandre Ferrier à la fin de son rapport, il est extrêmement important de ne négliger aucun moyen d'empêcher l'accession au Zollverein des États précités, ainsi que de la Belgique, et cela par des motifs trop clairs pour avoir besoin d'être expliqués. » Si M. Ferrier et le docteur Bowring tiennent un tel langage, si le cabinet anglais agit comme ils parlent, qui pourrait le leur reprocher ? C'est l'instinct anglais qui parle et qui agit chez eux. Mais attendre monts et merveilles pour l'Allemagne de propositions émanées d'une telle source, c'est en vérité dépasser la mesure de notre facilité nationale.

« Quoi qu'il arrive, ajoute M. Ferrier, la Hollande doit être toujours considérée comme le principal intermédiaire des communications de l'Allemagne méridionale avec les autres pays. » Il est évident que, par les autres pays, M. Ferrier entend seulement l'Angleterre, et qu'il veut dire : « Si la suprématie manufacturière anglaise perd ses têtes de pont allemandes sur la mer du Nord et sur la Baltique, il lui reste du moins une autre grande tête de pont, la Hollande, pour approvisionner l'Allemagne du Midi en articles fabriqués et en denrées coloniales. » De notre point de vue national à nous, voici ce que nous disons et ce que nous soutenons : « La Hollande est, par sa situation géographique, par ses relations commerciales et industrielles, par l'origine de ses habitants et par leur langage, une province allemande, séparée à l'époque des déchirements intestins de la contrée, et qui doit lui être de nouveau incorporée, sans quoi l'Allemagne ressemblerait à une maison dont la porte serait la propriété d'un étranger. La Hollande appartient à l'Allemagne tout aussi bien que la Bretagne et la Normandie à la France, et tant que la Hollande voudra former un État distinct, l'indépendance et la puissance de l'Allemagne seront aussi peu réelles que l'eussent été celles de la France, si la Bretagne et la Normandie fussent restées aux mains des Anglais. Si la Hollande a perdu sa puissance commerciale, c'est à son insignifiance territoriale qu'elle doit s'en prendre. Malgré la prospérité de ses colonies, la Hollande continuera de déchoir, parce qu'elle n'est pas en état de suffire aux frais immenses d'un établissement militaire et naval. Ses efforts pour conserver sa nationalité ne serviront qu'à l'endetter de plus en plus. Elle ne demeure pas moins subordonnée à l'Angleterre, dont elle ne fait par son indépendance apparente qu'affermir la suprématie. C'est le secret motif pour lequel l'Angleterre au congrès de Vienne s'est intéressée au rétablissement de la prétendue indépendance hollandaise. Il en est de la Hollande comme des villes anséatiques. Elle n'est que l'humble servante de la flotte anglaise ; incorporée à l'Allemagne, elle aurait le commandement de la marine allemande. Dans son état actuel, la Hollande est loin de pouvoir exploiter ses possessions coloniales comme elle le ferait si elle faisait partie de la Confédération germanique, par cela seul qu'elle manque des éléments nécessaires pour coloniser, savoir d'hommes et de forces intellectuelles. De plus, la culture de ses colonies, telle qu'elle a eu lieu jusqu'ici, dépend en grande partie de la facilité de l'Allemagne ou plutôt de l'ignorance où est celle-ci de ses intérêts commerciaux ; car, tandis que les autres nations sont approvisionnées de denrées tropicales par leurs colonies et par les pays qui leur sont assujettis, les Hollandais n'ont que l'Allemagne pour écouler leur trop-plein de ces denrées. Mais, dès que les Allemands comprendront que ceux qui leur fournissent des denrées coloniales doivent consentir à recevoir par préférence leurs objets manufacturés, ils sauront qu'il est en leur pouvoir d'obliger les Hollandais à accéder au Zollverein. Cette réunion serait éminemment avantageuse aux deux pays. L'Allemagne fournirait à la Hollande les moyens non-seulement d'exploiter beaucoup mieux ses colonies, mais encore de fonder et d'acquérir de nouveaux établissements. L'Allemagne favoriserait la navigation hollandaise et anséate, et accorderait aux produits des colonies néerlandaises un traitement privilégié. En revanche, la hollande et les villes anséatiques exporteraient de préférence les produits des fabriques allemandes, et emploieraient le surplus de leurs capitaux dans l'industrie manufacturière et dans l'agriculture de l'Allemagne.

Déchue comme puissance commerciale, parce que, simple fraction de nationalité, elle a voulu exister comme un tout ; parce qu'elle a cherché son avantage dans l'oppression et dans l'affaiblissement des forces productives de l'Allemagne, au lieu de fonder sa grandeur sur la prospérité du pays situé derrière elle, dont elle était solidaire ; parce qu'elle a voulu s'élever en s'isolant de l'Allemagne et non en s'associant à elle, la Hollande ne peut retrouver son ancienne splendeur que par l'Association allemande et en s'unissant à elle par les liens les plus étroits [34]. Cette union seule peut fonder une nation agricole, manufacturière et commerçante de premier ordre.

Le docteur Bowring réunit dans son tableau des importations et des exportations le Zollverein avec les villes anséatiques, la Hollande et la Belgique, et ce rapprochement fait ressortir à quel point tous ces pays dépendent encore des manufactures de la Grande-Bretagne et dans quelle proportion énorme leur puissance productive serait accrue par une association. Il évalue le total des marchandises que ces pays reçoivent d'Angleterre à 19 842 121 liv. st. (496 053 000 fr.), valeur officielle, et à 8 550 347 (213 758 675 fr.), valeur déclarée, et leurs envois en Angleterre seulement à 4 804 491 liv. st. (120 112 275 fr), y compris, bien entendu, des quantités considérables de café de Java, de fromage et de beurre que l'Angleterre tire de la Hollande. Ces chiffres en apprennent autant que des volumes. Nous remercions le docteur pour ce rapprochement de faits ; puisse-t-il annoncer un prochain rapprochement politique !

____

34 Je n'ai pas besoin de dire que la Hollande ne paraît nullement disposée à entrer dans cette voie, et qu'elle ne cesse pas d'attacher le plus grand prix au maintien de sa nationalité propre. (H. R.)

Chapitre III : La politique continentale

Le but le plus élevé de la politique rationnelle est, ainsi que nous l'avons expliqué dans notre second livre, l'association des peuples sous le régime du droit. Ce but ne peut être atteint que par l'élévation des nations les plus importantes à un degré aussi égal que possible de culture, de prospérité, d'industrie et de puissance, par le changement des antipathies et des querelles qui les divisent en sympathie et en bon accord. Mais la solution de ce problème est une œuvre de très longue durée.

Aujourd'hui les nations sont éloignées les unes des autres par diverses causes. En première ligne se placent les questions de territoire. La division politique de l'Europe ne répond pas encore à la nature des choses. Dans la théorie même on ne s'est pas encore entendu sur les bases d'une distribution territoriale. Les uns veulent que, sans égard au langage, à l'origine, à la direction du commerce, leur territoire soit arrondi pour le besoin de leur capitale, de manière que celle-ci soit située au centre et mise, autant que possible, à l'abri de l'agression étrangère ; ils demandent des fleuves pour limites. D'autres soutiennent, avec plus d'apparence de raison, qu'un littoral maritime, des montagnes, la langue et l'origine sont de meilleures frontières que les fleuves. Il existe encore des nations qui ne possèdent ni l'embouchure de leurs fleuves ni leur littoral maritime, indispensables cependant pour le développement de leurs relations extérieures et de leur puissance navale.

Si chaque nation se trouvait en possession du territoire nécessaire pour son développement intérieur et pour le maintien de son indépendance politique, industrielle et commerciale, tout empiétement serait contraire à une saine politique ; car alors un agrandissement disproportionné tiendrait en éveil les susceptibilités de la nation lésée, et ainsi les sacrifices auxquels la nation usurpatrice serait obligée pour conserver ses nouvelles provinces, surpasseraient de beaucoup les avantages qu'elles lui procureraient Mais aujourd'hui on ne peut songer à une division rationnelle, cette question se compliquant de divers intérêts d'une autre nature. Il n'est pas permis de méconnaître toutefois qu'un territoire bien arrondi est un des premiers besoins des nations, que le désir de satisfaire ce besoin est légitime, et que parfois même il peut justifier la guerre.

D'autres motifs d'antipathie existent actuellement entre les peuples, la diversité des intérêts par rapport aux manufactures, au commerce, à la marine marchande, à la puissance maritime et coloniale, l'inégalité de civilisation, la différence de religion et de régime politique. Tous ces intérêts sont croisés de mille manières par les questions de dynastie et de puissance.

Les causes d'antipathie sont aussi des causes de sympathie. Les moins forts sympathisent ensemble contre celui qui l'est trop, les opprimés contre le conquérant, les puissances continentales contre la suprématie maritime, les peuples dont l'industrie et le commerce sont dans l'enfance contre celui qui prétend au monopole, les civilisés contre les barbares, ceux qui vivent sous la monarchie contre ceux dont le gouvernement est plus ou moins démocratique.

Les peuples poursuivent la satisfaction de leurs intérêts et de leurs sympathies au moyen d'alliances entre eux, contre les intérêts et contre les tendances contraires. Mais comme ces intérêts et ces tendances se croisent en sens divers, les alliances sont précaires. Des nations amies aujourd'hui peuvent devenir ennemies demain, et réciproquement, suivant qu'un des grands intérêts, ou un des grands principes qui les divisent ou qui les rapprochent, est mis en question.

La politique a depuis longtemps compris que l'égalité des nations est son objet final. Ce qu'on appelle le maintien de l'équilibre européen n'a jamais été autre chose que la résistance des moins forts aux empiétements de la puissance prépondérante. La politique, néanmoins, a fréquemment confondu son but prochain avec son but éloigné, et vice versa.

L'objet prochain de la politique consiste toujours à distinguer clairement lequel des divers intérêts du pays réclame le plus impérieusement une satisfaction immédiate, et, jusqu'à ce que cette satisfaction soit obtenue, à ajourner et à renvoyer sur l'arrière-plan toutes les autres questions.

Lorsque les intérêts dynastiques, monarchiques et aristocratiques de l'Europe, oubliant tonte autre question de puissance et de commerce, s'allièrent contre les tendances révolutionnaires de 1789, leur politique fut intelligente.

Elle le fut également lorsque l'empire substitua la conquête à la propagande révolutionnaire.

Par son système continental, Napoléon voulut organiser une coalition contre la prépondérance maritime et commerciale de l'Angleterre. Pour réussir, il aurait dû tout d'abord rassurer les nations du continent contre la crainte d'être conquises par la France. Il échoua, parce que, chez ces nations, la terreur de sa prépondérance continentale dépassait de beaucoup les inconvénients que la suprématie maritime leur faisait éprouver.

Avec la chute de l'empire, la grande alliance avait cessé d'avoir un but. Depuis lors les puissances continentales n'étaient menacées ni par les tendances révolutionnaires ni par la soif de conquêtes de la France ; d'un autre côté, la supériorité de

                              LIVRE QUATRIEME: La politique

l'Angleterre sous le rapport des manufactures, de la navigation, du commerce, des établissements coloniaux et des forces navales, s'était immensément accrue durant la lutte contre la révolution et contre la conquête. À partir de ce moment il était de l'intérêt des puissances du continent de s'allier à la France contre cette prépondérance commerciale et maritime : Mais la peur qu'inspirait la peau du lion mort empêcha les puissances continentales de voir plein de vie le léopard qui avait jusque-là combattu dans leurs rangs. La sainte alliance fut une faute politique.

Aussi cette faute s'expia-t-elle par la révolution de Juillet. La sainte alliance avait sans nécessité provoqué un contraire qui n'existait plus ou du moins qui n'aurait pas reparu de longtemps. Par bonheur pour les puissances du continent, la dynastie de Juillet en France réussit à apaiser l'esprit révolutionnaire. La France et l'Angleterre conclurent entre elles une alliance, la France dans l'intérêt de la dynastie de Juillet et de l'affermissement de la monarchie constitutionnelle, l'Angleterre dans l'intérêt du maintien de sa suprématie commerciale.

L'alliance franco-anglaise a cessé sitôt que la dynastie de Juillet et la monarchie constitutionnelle en France se sont senties suffisamment affermies, et que les intérêts de la France en matière de puissance maritime, de navigation marchande, de commerce, d'industrie et de possessions au dehors ont reparu sur le premier plan. La France a visiblement dans ces questions le même intérêt que les autres puissances continentales, et la formation d'une alliance du continent contre la prépondérance maritime de l'Angleterre pourra venir à l'ordre du jour, si la dynastie de Juillet réussit à établir en France un parfait accord de volonté entre les divers organes de la puissance publique, à refouler sur l'arrière-plan les questions de territoire soulevées par l'esprit révolutionnaire, et à rassurer entièrement les monarchies du continent contre les tendances agitatrices et conquérantes de la France.

Le principal obstacle aujourd'hui à une étroite union du continent européen tient à ce que le centre de ce continent ne remplit pas le rôle qui lui appartient. Au lieu de servir d'intermédiaire entre l'Orient et l'Occident dans toutes les questions de territoire, de constitution, d'indépendance nationale et de puissance, mission qui lui est dévolue par sa position géographique, par son système fédératif qui exclut toute crainte de conquête de la part des nations voisines, par sa tolérance religieuse et par son esprit cosmopolite, enfin par ses éléments de civilisation, ce centre n'est à présent qu'une pomme de discorde entre l'une et l'autre partie de l'Europe, dont chacune espère attirer de son côté une puissance affaiblie par l'absence d'unité, et constamment incertaine et oscillante.

Si l'Allemagne, avec son littoral, avec la Hollande, la Belgique et la Suisse, constituait une robuste unité commerciale et politique, si ce puissant corps de nation conciliait, autant que cela est possible, les intérêts monarchiques, dynastiques et aristocratiques existants avec les institutions représentatives, l'Allemagne pourrait garantir une longue paix à l'Europe et en même temps former le noyau d'une alliance continentale faite pour durer.

Il est évident que l'Angleterre surpasse immensément les autres puissances maritimes, sinon par le nombre de ses voiles, du moins par son habileté navale, que par conséquent les autres puissances sont obligées de s'unir entre elles pour lui faire équilibre. Il s'ensuit que chacune d'elles est intéressée au maintien et au développement des forces navales des autres, et de plus que des fragments de nation qui, jusqu'à présent isolés, sont restés sans marine, du moins sans marine qui pût compter, doivent constituer une marine collective. Il y a perte pour la France et pour l'Union américaine vis-à-vis de l'Angleterre, lorsque la marine de la Russie décline, et vice versa. Il y a profit pour toutes, si l'Allemagne, la Hollande et la Belgique organisent en commun des forces de mer ; car, séparées, elles sont aux

                    LIVRE QUATRIEME: La politique

ordres de la suprématie anglaise ; réunies, elles fortifient l'opposition de toutes les marines secondaires contre cette suprématie.

Aucune de ces nations maritimes ne possède, ni une marine marchande hors de proportion avec son commerce extérieur, ni une industrie manufacturière d'une supériorité marquée ; aucune d'elles, par conséquent, n'a sujet de redouter la concurrence des autres. Toutes, en revanche, ont un intérêt commun à se défendre contre la concurrence destructive de l'Angleterre, toutes doivent mettre du prix à ce que l'industrie anglaise perde dans la Hollande, dans la Belgique et dans les villes anséatiques la tête de pont par laquelle elle a jusqu'à présent dominé les marchés du continent.

Les denrées de la zone torride étant soldées principalement avec les produits des fabriques de la zone tempérée, la consommation des premières dépendant ainsi du débouché des seconds, et toute nation manufacturière devant par suite s'appliquer à établir avec les pays de la zone torride des relations directes, si les nations manufacturières de second ordre ont l'intelligence de leur intérêt et agissent en conséquence, il ne pourra plus subsister de prépondérance coloniale dans la zone torride. Si, par exemple, l'Angleterre réussissait, au gré de ses désirs, à produire dans les Indes orientales les denrées tropicales dont elle a besoin, elle n'entretiendrait de relations avec les Indes occidentales qu'autant qu'elle aurait le moyen d'écouler dans d'autres pays les denrées qu'elle y recevrait en échange des produits de ses fabriques. Faute de ce débouché ses possessions des Indes occidentales lui deviendraient inutiles ; elle n'aurait plus alors que le choix ou de les émanciper complètement ou de leur permettre de commercer librement avec les autres pays manufacturiers [35]. Il s'ensuit que toutes les nations

---

35 Depuis que ceci est écrit, l'Angleterre a accordé à ses colonies, en 1846, le droit de régler elles-mêmes leur législation de douane, de sorte qu'elles sont ouvertes aujourd'hui aux produits de l'étranger de même qu'à ceux de la métropole, et, en 1849, elle leur a permis de se servir de tout pavillon quelconque pour leurs

manufacturières et maritimes de second ordre ont un intérêt commun à pratiquer cette politique et à se soutenir mutuellement ; il s'ensuit qu'aucune d'entre elles ne peut perdre par suite de l'accession de la Hollande à l'Union commerciale allemande, ou d'étroites relations entre l'Allemagne et les colonies hollandaises.

Depuis l'émancipation des colonies espagnoles et portugaises de l'Amérique du Sud et dans les Indes occidentales, il n'est plus nécessaire pour une nation manufacturière de posséder des colonies dans la zone torride, pour pouvoir échanger directement des produits fabriqués contre des denrées tropicales. Le marché de ces contrées affranchies étant libre, tout pays manufacturier capable d'y soutenir la concurrence peut entretenir avec elles des rapports directs. Mais il ne s'y produira beaucoup de denrées tropicales et par suite il ne s'y consommera de grandes quantités d'objets manufacturés que lorsque l'aisance et la moralité, la paix, l'ordre légal et la tolérance religieuse s'y seront acclimatés. Toutes les nations maritimes de second ordre, surtout celles qui n'ont point de colonies ou qui n'en possèdent que d'insignifiantes, ont dès lors un intérêt commun à préparer cet état de choses par le concours de leurs efforts. L'état social de ces pays importe beaucoup moins à la première puissance commerciale, laquelle est déjà suffisamment pourvue de denrées tropicales par ses marchés fermés et soumis des deux Indes, ou du moins espère l'être.

La question si grave de l'esclavage doit être envisagée aussi en partie de ce point de vue. Nous sommes loin de méconnaître qu'il y a eu beaucoup de philanthropie et de droiture dans le zèle qu'a mis l'Angleterre à poursuivre l'affranchissement des noirs, zèle infiniment honorable pour le caractère britannique ; toutefois, quand nous considérons les résultats directs des mesures qu'elle a adoptées à cet effet, nous ne pouvons nous

____

importations et pour leurs exportations, sous la réserve toutefois d'un ordre en conseil de la couronne. (H. R.)

          LIVRE QUATRIEME: La politique

défendre de penser que la politique et l'intérêt mercantile y sont entrés aussi pour beaucoup. Voici ces résultats : premièrement, l'émancipation subite des noirs, le passage rapide d'une infériorité et d'une insouciance presque bestiale à un haut degré d'indépendance personnelle, doit avoir pour effet de diminuer énormément, et en définitive de réduire à peu près à zéro la production des denrées tropicales dans l'Amérique du Sud et dans les Indes occidentales ; l'exemple de Saint-Domingue, où, depuis l'expulsion des Français et des Espagnols, la production a décru d'année en année et ne cesse de décroître, en est une preuve sans réplique ; en second lieu, les noirs émancipés cherchant à obtenir des salaires toujours plus élevés, tout en bornant leur travail à la production des objets les plus indispensables, leur liberté ne peut aboutir qu'à la paresse ; troisièmement, l'Angleterre possède dans les Indes orientales des moyens d'approvisionner le monde entier en denrées tropicales. On sait que les Hindous, si laborieux, si adroits dans toutes les industries, sont d'une frugalité extrême par suite de leurs lois religieuses qui leur interdisent la viande. Ajoutez le manque de capital chez les indigènes, la grande fertilité du sol en produits végétaux, les entraves du système des castes et la grande concurrence des bras. Il résulte de tout cela que la main-d'oeuvre est incomparablement moins chère dans les Indes orientales que dans les Indes occidentales et dans l'Amérique du Sud, soit que dans ces dernières régions la culture soit pratiquée par des noirs libres ou par des esclaves ; que, par conséquent, la production des Indes orientales, dès que le commerce y aura été affranchi et que de sages principes d'administration y auront prévalu, doit s'accroître énormément, et que le temps n'est pas éloigné où l'Angleterre en tirera non-seulement toutes les denrées coloniales nécessaires à sa consommation, mais encore des quantités immenses à verser sur les autres pays. Ainsi, en diminuant la production des Indes occidentales et de l'Amérique du Sud où les autres pays envoient des produits fabriqués, l'Angleterre ne peut essuyer aucune perte ; elle sera, au contraire, en bénéfices si la production des denrées tropicales prend de gigantesques proportions dans un marché dont ses manufactures ont l'approvisionnement exclusif. Quatrièmement enfin, on a soutenu que, par l'émancipation des esclaves, l'Angleterre a voulu suspendre un glaive sur la tête des Etats à esclaves de l'Amérique du Nord, que les dangers augmentent pour l'Union à mesure que cette émancipation gagne du terrain et éveille chez les nègres du pays le désir de la même liberté.

À y regarder de près, une expérience philanthropique d'un résultat si incertain pour ceux mêmes en faveur desquels elle a été faite, ne paraît rien moins qu'avantageuse pour les nations appelées à commercer avec l'Amérique du Sud et avec les Indes occidentales, et ce n'est pas sans motif qu'elles pourraient poser ces questions : Le passage subit de l'esclavage à la liberté n'est-il pas plus nuisible aux nègres eux-mêmes que le maintien de leur condition actuelle ? Une suite de générations n'est-elle pas nécessaire pour former au travail libre des hommes accoutumés, pour ainsi dire, au joug de la brute ? Ne vaudrait-il pas mieux opérer la transition de l'esclavage à la liberté au moyen d'un bon système de servage assurant au serf certains droits au sol qu'il cultive et une juste part des fruits de son labeur, et laissant en même temps au propriétaire une autorité suffisante pour habituer le serf à l'ordre et au travail ? Un tel régime ne serait-il pas préférable à la condition de ces misérables hordes de nègres libres comme on les appelle, ivrognes, paresseux, débauchés, mendiants, condition en comparaison de laquelle la misère irlandaise, sous sa forme la plus hideuse, peut être qualifiée d'aisance et de civilisation.

Si l'on nous soutenait que le besoin des Anglais d'élever tout ce qui vit sur cette terre au même degré de liberté où ils sont eux-mêmes parvenus est si vif et si irrésistible qu'ils sont excusables d'avoir oublié que la nature ne procède point par sauts et par bonds, nous demanderions si la condition des castes inférieures de l'Hindoustan n'est pas beaucoup plus misérable et plus abjecte que celle des noirs en Amérique ? Comment il se fait que la philanthropie de l'Angleterre ne s'est jamais émue pour les plus infortunés de tous les mortels ? D'où vient que l'Angleterre n'a pris encore aucune mesure en leur

                    LIVRE QUATRIEME: La politique

faveur, et qu'elle ne s'est encore appliquée qu'à exploiter leur détresse, sans songer à intervenir pour la soulager ?

La politique anglaise dans les Indes orientales nous conduit à la question d'Orient. Si l'on retranche de la politique du jour tout ce qui se rapporte aux débats territoriaux, aux intérêts dynastiques, monarchiques, aristocratiques et religieux, aux relations entre les cabinets, on ne peut méconnaître que les puissances continentales ont dans la question d'Orient un grand et même intérêt économique. Les gouvernements pourront momentanément réussir à éloigner cette question sur l'arrière-plan, elle reparaîtra toujours plus grave sur le premier. C'est un fait, depuis longtemps reconnu par les hommes qui réfléchissent, qu'un pays tel que la Turquie, dont l'existence religieuse et morale, sociale et politique est minée de toutes parts, ressemble à un cadavre qui peut tenir encore quelque temps debout avec l'appui des vivants, mais qui n'est pas moins en décomposition. Il en est à peu près des Perses comme des Turcs, des Chinois comme des Hindous, et de même de toutes les autres populations asiatiques. Partout où la civilisation putréfiée de l'Asie vient à être touchée par le souffle frais de l'Europe, elle tombe en poussière, et l'Europe se verra tôt ou tard dans la nécessité de prendre l'Asie entière sous sa tutelle comme déjà l'Angleterre s'est chargée de l'Inde. Dans tout ce pêle-mêle de territoires et de populations, il ne se trouve pas une seule nationalité digne ou capable de durée et de régénération. La complète dissolution des nations asiatiques paraît donc inévitable, et une régénération de l'Asie ne semble possible qu'au moyen d'une infusion de vie européenne, par l'introduction graduelle du christianisme, de nos mœurs et de notre culture, par l'immigration européenne, par la tutelle des gouvernements européens.

Quand nous réfléchissons sur la marche que pourra prendre cette renaissance, une circonstance nous frappe tout d'abord, c'est que la plus grande partie de l'Orient est abondamment pourvue de richesses naturelles, qu'elle peut produire pour les nations manufacturières de l'Europe des quantités considérables de matières brutes et de denrées alimentaires, particulièrement de denrées de la zone torride, et ouvrir ainsi aux produits de leurs fabriques un marché immense. C'est là une indication de la nature, que cette renaissance, comme la culture des peuples barbares en général, doit s'opérer par la voie du libre échange des produits agricoles contre les produits manufacturés ; c'est pourquoi les nations européennes devraient commencer par admettre ce principe qu'aucune d'entre elles ne doit obtenir de privilège commercial dans une partie quelconque de l'Asie, qu'aucune ne doit être favorisée de préférence aux autres [36]. Afin de développer ce commerce, il conviendrait d'ériger les principales places de l'Orient en villes libres, ou la population européenne aurait le droit de s'administrer elle-même moyennant une redevance annuelle aux gouvernements du pays. À côté de ceux-ci, d'après les précédents de l'Angleterre dans l'Inde, seraient placés des agents européens, dont les gouvernements indigènes seraient tenus de suivre les conseils en ce qui touche la sûreté publique, l'ordre et la civilisation.

Toutes les puissances du continent ont un intérêt commun et puissant à ce que les deux routes de la Méditerranée à la mer Rouge et au golfe Persique ne deviennent pas la possession exclusive de l'Angleterre et ne demeurent pas inaccessibles entre les mains de la barbarie asiatique. Il est évident que la solution qui présente le plus de garanties à l'Europe consisterait à remettre à l'Autriche la garde de ces points importants.

Toutes les puissances du continent, conjointement avec l'Amérique du Nord, ont aussi un égal intérêt à faire prévaloir la maxime : « Le pavillon couvre la marchandise, » et cette doctrine que les neutres ne doivent respecter que le blocus effectif de tel ou tel port, et non pas une simple déclaration de

---

36 Ce principe a reçu une consécration éclatante par l'ouverture du Céleste-Empire au commerce de toutes les nations, soit que l'un doive faire honneur de ce résultat à la libéralité des négociateurs anglais ou à prudence des mandarins chinois, et enfin à l'une ou à l'autre en même temps. (H. R.)

   LIVRE QUATRIEME: La politique

blocus contre tout un littoral [37].

Enfin le droit d'occupation des contrées incultes et inhabitées paraît avoir besoin d'être révisé dans l'intérêt des puissances continentales. On rit de nos jours de ce que le Saint-Père a osé jadis donner en cadeau des îles et de vastes régions, que dis-je ? partager d'un trait de plume le globe en deux parts et assigner l'une à celui-ci, l'autre à celui-là. Mais est-il beaucoup plus raisonnable de reconnaître un droit de propriété sur toute une contrée à celui qui le premier y a planté quelque part une perche ornée d'une guenille de soie ? Que, pour des îles de peu d'étendue, on respecte le droit de celui qui les a découvertes, la raison peut l'admettre ; mais quand il s'agit d'îles aussi vastes qu'un grand état européen, comme la Nouvelle-Zélande, ou d'un continent plus grand que l'Europe, comme l'Australie, elle ne reconnaît de droit exclusif qu'à la suite d'une occupation effective au moyen de la colonisation et seulement sur le territoire effectivement colonisé ; et l'on ne voit pas pourquoi l'on contesterait aux Allemands et aux Français le droit de fonder des colonies dans ces contrées, sur des points éloignés des établissements britanniques.

Si nous considérons l'importance des intérêts communs aux nations continentales vis-à-vis de la première puissance maritime, nous reconnaissons que rien ne leur est plus nécessaire que et que rien ne leur serait plus funeste que la guerre. L'histoire du siècle écouté enseigne d'ailleurs que chaque guerre des puissances continentales entre elles n'a servi qu'à développer l'industrie, la richesse, la navigation, l'empire colonial et la puissance de la Grande-Bretagne.

Il n'est donc pas douteux que le système continental de Napoléon avait pour base une exacte appréciation des besoins et des intérêts du continent ; seulement Napoléon voulait réaliser

------

37 List semble avoir prévu les déclarations échangées entre les principales
    puissances européennes à la suite du traité qui a terminé en 1856 la guerre
    d'Orient. (H. R.)

une idée juste par elle-même, en portant atteinte à l'indépendance et aux intérêts des autres puissances continentales. Le système de Napoléon avait trois grands défauts. D'abord il voulait substituer à la suprématie maritime de l'Angleterre la suprématie continentale de la France ; au lieu d'avoir en vue le développement et l'égalité des autres puissances du continent, il poursuivait leur abaissement ou leur dissolution au profit de la France. Puis il fermait la France aux autres puissances du continent, alors que celle-ci prétendait à la libre concurrence sur leurs marchés. Enfin, ayant détruit presque entièrement les relations entre les pays manufacturiers de l'Europe et les contrées de la zone torride, il contraignit de remplacer artificiellement les produits de cette zone.

L'idée du système continental reparaîtra toujours, la nécessité de sa réalisation s'imposera d'autant plus fortement aux nations continentales que l'Angleterre grandira davantage en industrie, en richesse et en puissance ; cela est déjà évident aujourd'hui et cela le deviendra chaque jour davantage. Mais il n'est pas moins certain qu'une alliance continentale n'aura de résultats qu'autant que la France saura éviter les fautes de Napoléon.

Il est donc insensé de la part de la France d'élever vis-à-vis de l'Allemagne des questions de frontières contraires au droit et à la nature des choses, et d'obliger ainsi d'autres nations du continent à s'attacher à l'Angleterre.

Il est insensé de sa part de parler de la Méditerranée comme d'un lac français, et d'aspirer à une influence exclusive dans le Levant et dans l'Amérique du Sud.

Un système continental efficace ne peut émaner que de la libre association des puissances du continent, et ne peut réussir que sous la condition d'une participation égale de toutes aux avantages qui doivent en résulter. C'est ainsi, et non autrement, que les puissances maritimes du second ordre se feront assez respecter de l'Angleterre pour que, sans qu'on recoure à la force des armes, celle-ci fasse droit à leurs légitimes prétentions. Ce n'est qu'au moyen de cette alliance que les nations manufacturières du continent pourront conserver leurs relations avec les pays de la zone torride et défendre leurs intérêts en Orient comme en Occident.

Sans doute il pourra paraître pénible à ces Anglais altérés de suprématie de voir ainsi les nations du continent, par de mutuelles facilités commerciales, développer leur industrie manufacturière, fortifier leur marine marchande et leur marine militaire, et rechercher partout dans la culture et la colonisation des contrées barbares et incultes, ainsi que dans le commerce avec la zone torride, la juste part d'avantages que la nature leur a départie ; mais un coup d'œil jeté sur l'avenir les consolera des dommages imaginaires.

Les mêmes causes, en effet, auxquelles l'Angleterre doit son élévation actuelle, feront parvenir l'Amérique, vraisemblablement dans le cours du siècle prochain, à un degré d'industrie, de richesse et de puissance, qui la placera au-dessus de l'Angleterre autant que l'Angleterre elle-même est aujourd'hui au-dessus de la Hollande. Par la force des choses, les Etats-Unis, d'ici là, se peupleront de centaines de millions d'habitants ; ils étendront sur toute l'Amérique centrale et méridionale leur population, leur constitution, leur culture et leur esprit, comme récemment ils l'ont fait à l'égard des provinces mexicaines limitrophes ; le lien fédératif unira entre elles toutes ces immenses contrées ; une population de plusieurs centaines de millions d'âmes exploitera un continent dont l'étendue et les ressources naturelles dépassent énormément celles de l'Europe ; et la puissance maritime du monde occidental surpassera alors celle de la Grande-Bretagne dans la même proportion que son littoral et ses fleuves surpassent le littoral et les fleuves britanniques en développement et en grandeur.

Ainsi, dans un avenir qui n'est pas extrêmement éloigné, la même nécessité qui prescrit aujourd'hui aux Français et aux Allemands de fonder une alliance continentale contre la suprématie britannique, commandera aux Anglais d'organiser une coalition européenne contre la suprématie de l'Amérique. Alors la Grande-Bretagne cherchera et trouvera dans l'hégémonie des puissances européennes associées sa sûreté et sa force vis-à-vis de la prépondérance de l'Amérique, et un dédommagement de la suprématie qu'elle aura perdue.

L'Angleterre fera donc sagement de s'exercer de bonne heure à la résignation, de se concilier par des concessions opportunes l'amitié des puissances européennes, et de s'accoutumer dès aujourd'hui à l'idée d'être la première parmi des égales [38].

---

38 Dans un écrit composé peu de temps avant sa mort, List a émis des idées bien différentes de celles que développe ce chapitre. Renonçant au projet d'une alliance continentale, il se fait le promoteur d'une alliance entre l'Allemagne et l'Angleterre. Au moment de sa publication dans la *Gazette d'Augsbourg* en 1847, j'ai essayé d'apprécier ce curieux opuscule dans les termes suivants : « List lui-même nous apprend dans un court avant-propos comment il a été amené à composer cet écrit. C'est, dit-il, le résumé, la quintessence de ses études depuis la publication de son *Système national*, c'est-à-dire durant un espace de six années. Déjà, depuis un an, il s'occupait de réunir ses idées, et il avait l'intention de publier ce nouveau travail comme une suite de son précédent ouvrage, en recourant d'abord à la publicité de la *Gazette d'Augsbourg*, lorsqu'il fit réflexion qu'au lieu d'appeler ainsi sur certains points l'attention des *ennemis* de l'Angleterre et de l'Allemagne, il serait plus convenable et plus patriotique de soumettre ses vues aux hommes d'État les plus éminents des deux pays. C'est ainsi qu'il conçut le projet d'un voyage à Londres, et que, encouragé par de puissants personnages, mais sans autre mission que celle qu'il s'était donnée à lui-même, il partit en qualité d'ambassadeur de l'Allemand Michel auprès de l'Anglais John Bull.

« La négociation échoua complètement, et il faut avouer que List l'avait entreprise dans un moment des plus inopportuns. C'était au lendemain de la grande victoire de la Ligue et de l'adoption du bill des céréales, lorsque le règne du libre échange avait été établi en Angleterre, et qu'on s'y flattait de l'étendre au reste du monde par l'autorité de l'exemple. Venir dans un pareil moment proposer une alliance à l'Angleterre, eu lui demandant pour condition de cette alliance de ne pas mettre obstacle à l'affermissement du système protecteur en Allemagne, était une démarche hardie, paradoxale et d'un succès impossible. Les réponses de sir Robert Peel et de lord Palmerston à l'auteur du *Mémoire* ont été publiées dans les feuilles allemandes. Sir Robert Peel sympathise de tout son cœur à l'idée d'une étroite alliance entre l'Allemagne et l'Angleterre, mais il ne partage pas les idées de List sur les moyens de la réaliser. L'économiste allemand se trompe, dit-il, en pensant que, par le consentement qu'elle donnerait à l'établissement ou au maintien de droits élevés sur quelques-uns de ses produits, l'Angleterre se concilierait l'affection de l'Allemagne et jetterait les

   LIVRE QUATRIEME: La politique

bases d'une amitié durable entre les deux contrées. Suivant lui, le but ne saurait être mieux atteint que par la suppression des obstacles à l'échange des produits respectifs ; l'opinion publique allemande ne lui paraît pas aussi prononcée que le soutient le docteur List en faveur du système protecteur ; si elle est telle, en effet, le devoir des hommes d'État et des écrivains de l'Allemagne est de combattre des idées tout à fait erronées, des idées préjudiciables à l'Allemagne aussi bien qu'à l'Angleterre et de nature à empêcher une intimité si désirable entre deux puissantes nations dont les intérêts politiques se confondent, pour ainsi dire. Ce langage de sir Hubert Peel était de tout point conforme aux traditions de la politique commerciale anglaise, et l'on ne pouvait en attendre un autre de celui qui venait de s'illustrer en consommant la grande réforme douanière de 1846. La lettre de lord Palmerston est écrite dans le même esprit, avec cette différence qu'au lieu d'être convenable et polie, elle est dogmatique et pédantesque.

« List n'avait pourtant pas été avare de politesses envers l'Angleterre ; il lui prodiguait, au contraire, les éloges les plus vifs, et il ne la priait de permettre à l'Allemagne de devenir riche et puissante que pour servir un jour d'instrument à la grandeur britannique. On s'étonne, au premier abord, en lisant le *Mémoire*, de ce changement soudain de langage ; on se demande si c'est bien là le même homme, si c'est bien là le patriote ardent qui ne cessait d'exciter ses concitoyens à secouer le joug des Anglais, à les expulser du littoral de la mer du Nord, sans épargner au besoin l'invective à ces orgueilleux dominateurs. Si l'on regarde de plus près, c'est toujours en effet le même homme, invariablement appliqué à la poursuite du même but, l'émancipation de son pays ; il a seulement changé de moyens. Au milieu d'une lutte persévérante dont les résultats effectifs avaient été jusque là des plus minces, List s'était figuré qu'il pourrait obtenir du bon sens et de l'intérêt bien entendu de ses adversaires ce qu'il n'avait pu leur arracher en les combattant. C'était la plus étrange des illusions ; on ne doit jamais son émancipation qu'à soi-même, et les influences prépondérantes ne se retirent point volontairement, elles ne cèdent que devant une force supérieure. Le Zollverein ne se complétera que par ses seuls efforts, et l'Allemagne ne deviendra indépendante et riche qu'à la condition de surmonter tous les obstacles qui lui seront opposés ; ce développement pénible et disputé, c'est la loi de tous les peuples et de tous les temps. Peut-être, sous l'empire de la préoccupation du moment, celle d'écarter l'opposition des intérêts britanniques, List a-t-il fait bon marché de l'avenir de son pays en lui assignant pour destinée d'aider l'Angleterre à triompher de ses rivales et à étendre sur le monde, des parages de la Manche aux mers de la Chine et de la Malaisie, sans solution de continuité, le réseau d'une domination gigantesque. Est-ce donc pour ce rôle secondaire, pour cette mission subalterne qu'il a si éloquemment et si constamment convié l'Allemagne à l'unité ? Quelque puissantes que soient les affinités de race, elles ne suffisent pas cependant pour cimenter des alliances entre les peuples ; si la communauté d'origine n'empêche pas la rivalité des Etats-Unis avec l'Angleterre, on ne voit pas pourquoi, ainsi que List le suppose, elle deviendrait entre l'Angleterre et l'Allemagne, l'Allemagne devenue une et puissante, un principe d'intimité, d'une intimité qui subordonnerait l'un des deux pays à l'autre.

« Cette alliance avec l'Angleterre avait pour but de mettre l'Allemagne à l'abri de l'ambition des deux grandes nations militaires entre lesquelles elle est située. Ici, nous devons le dire, List s'est trompé à l'égard de la France, et il a été profondément injuste envers elle. Si la Russie pèse sur la frontière orientale de l'Allemagne, comme L'Angleterre sur son littoral du Nord, la France aujourd'hui ne menace nullement sa frontière occidentale. Que List refuse à la nation française certaines facultés qu'elle n'a pas déployées jusqu'ici avec éclat, mais que, sous le régime de la liberté constitutionnelle, elle ne peut manquer d'acquérir, nous ne lui en ferons pas un sujet de reproche ; mais il est inexcusable à nos yeux de voir dans les Français d'à présent un peuple altéré de gloire militaire, dans leurs Institutions un mécanisme pour la guerre, dans les combats qu'ils livrent aux Arabes d'Afrique une préparation à la conquête du continent européen. Ces jugements erronés, que nous regrettons vivement de la part d'un écrivain dont l'autorité est grande au delà du Rhin, ne peuvent s'expliquer que par des impressions de jeunesse que les démonstrations belliqueuses de 1810 auront rafraîchies. Nul ne songe en France à recommencer l'épopée de l'empire ; toutes les pensées y sont tournées vers le développement des libertés publiques et du bien-être général ; une guerre sur le Rhin y est considérée comme une guerre impie, et l'un des mérites que l'on y trouve à la possession de l'Algérie, c'est d'être une des garanties de la paix en Europe, en ouvrant un meilleur champ de gloire et d'activité militaires. La France n'a plus de motifs de convoiter la limite du Rhin, du moment qu'elle est assurée des dispositions pacifiques et amicales de l'Allemagne ; et comme elle-même n'éprouve que de la sympathie pour le développement des libertés allemandes, comme elle est pleine de respect pour l'indépendance de sa voisine et que les progrès de celle-ci ne lui font point ombrage, elle est en droit de compter sur de semblables dispositions. (H. R.)

　　　　　　　　　　LIVRE QUATRIEME: La politique

Chapitre IV : La politique commerciale de la nation allemande

Si un pays est destiné à l'industrie manufacturière, c'est à coup sûr l'Allemagne. Le haut rang qu'elle occupe dans les sciences, dans les beaux-arts et dans la littérature, de même que sous le rapport de l'enseignement, de l'administration publique et des institutions d'utilité générale ; son sens moral et religieux, son amour du travail et de l'économie ; sa persévérance opiniâtre en même temps que son esprit inventif, sa population considérable et robuste, l'étendue et la nature de son territoire, le développement de son agriculture, ses ressources naturelles, sociales et intellectuelles, tout lui donne cette vocation.

Si un pays est fondé à attendre d'un système protecteur approprié à sa situation des résultats avantageux pour le développement de ses fabriques, pour l'accroissement de son commerce extérieur et de sa navigation marchande, pour l'amélioration de ses voies de communication, pour la prospérité de son agriculture, de même que pour l'affermissement de son indépendance et pour l'augmentation de son influence au dehors, c'est encore l'Allemagne.

Nous ne craignons pas d'affirmer que du perfectionnement du système protecteur dépendent l'existence, l'indépendance et l'avenir de la nationalité allemande. L'esprit national ne peut prendre racine, ne peut donner de belles fleurs et des fruits abondants que sur le terrain de l'aisance générale. De l'unité des intérêts matériels, seulement, peut sortir l'unité morale, et de l'une et de l'autre réunies, la force de la nation. Que peuvent signifier nos efforts, à tous tant que nous sommes, gouvernants ou gouvernés, nobles ou bourgeois, savants ou illettrés, soldats ou hommes du civil, manufacturiers, agriculteurs ou négociants, si nous n'avons pas de nationalité, si nous manquons de garantie pour la durée de notre nationalité ?

Or, le système protecteur allemand n'aura rempli que très imparfaitement sa mission, tant que l'Allemagne ne produira pas elle-même le fil mécanique de coton et de lin qu'elle emploie, tant qu'elle ne tirera pas directement de la zone torride, en les soldant avec les produits de ses fabriques, les denrées tropicales qu'elle consomme, tant qu'elle ne fera pas ces opérations au moyen de ses bâtiments, qu'elle ne saura pas faire respecter son pavillon, qu'elle ne possédera pas un système complet de communications par fleuves, par canaux et par chemins de fer, que son association de douanes ne s'étendra pas à tout son littoral, ainsi qu'à la Hollande et à la Belgique. Nous avons traité ces objets avec détail dans diverses parties de cet ouvrage, et nous n'avons par conséquent ici qu'à nous résumer.

Quand nous importons du coton en laine de l'Égypte, du Brésil ou des États-Unis, nous le payons avec les produits de nos manufactures ; quand nous importons du coton filé d'Angleterre, nous donnons en échange des matières brutes, ou des denrées alimentaires qu nous pourrions, avec plus de profit, mettre en oeuvre ou consommer nous-mêmes, ou de l'argent comptant qui nous vient d'ailleurs et qui pourrait nous servir à acheter à l'étranger des matières premières pour notre industrie ou des denrées coloniales pour notre consommation.

De même le développement de la filature du lin à la mécanique nous fournit les moyens non-seulement d'augmenter notre consommation en toiles et de perfectionner notre agriculture, mais encore d'étendre immensément nos relations avec les pays de la zone torride.

Pour la filature du coton et pour celle du lin, comme pour la fabrication de la laine, nous sommes, avec nos chutes d'eau inemployées, avec le bas prix de nos denrées alimentaires et de notre main-d'œuvre, aussi bien partagés que tout autre pays. Il ne nous manque autre chose que des garanties à nos capitalistes contre la perte de leurs fonds, à nos industriels contre la misère. Un droit modéré, qui, dans le cours des cinq prochaines années, s'élèverait à environ 25 pour cent, resterait pendant quelques années à ce taux, et descendrait ensuite à 15 ou 20 pour cent, suffirait pour donner ces garanties. Tout ce que les partisans de la théorie des valeurs peuvent alléguer contre une telle mesure, a été réfuté par nous. On peut faire valoir encore en sa faveur cette considération, que de grandes industries comme celles-là offrent le moyen de fonder sur une vaste échelle la construction des machines et de former une classe d'hommes instruits et exercés dans les arts industriels.

En ce qui touche l'achat des denrées tropicales, l'Allemagne, de même que la France et l'Angleterre, doit adopter pour principe de donner la préférence aux pays de la zone torride qui nous prennent nos articles manufacturés ; en un mot nous devons acheter à ceux qui nous achètent. C'est le cas dans nos relations avec les Indes occidentales et avec les deux Amériques.

Mais il en est autrement de la Hollande qui nous fournit des quantités énormes de ses produits coloniaux, et ne nous prend en échange que de faibles quantités d'articles de nos manufactures.

La Hollande, cependant, trouve en Allemagne le débouché de la plus grande partie de ses denrées coloniales ; car l'Angleterre et la France, étant principalement approvisionnée par leurs colonies et par les pays placés dans leur dépendance, colonies et pays dont leurs manufactures ont l'approvisionnement exclusif, ne peuvent offrir qu'un très-étroit accès à ces denrées néerlandaises.

La Hollande ne possède point une grande industrie manufacturière, mais elle a une production coloniale qui a grandi immensément dans les dernières années, et qui grandira encore immensément. Or, elle se conduit mal envers l'Allemagne, elle méconnaît son véritable intérêt, lorsque, trouvant en Allemagne le débouché de la majeure partie de ses produits coloniaux, elle s'approvisionne de produits fabriqués là où il lui plaît. C'est de sa part une politique à courte vue, dont les avantages ne sont qu'apparents ; car, si la Hollande donnait la préférence aux produits des fabriques allemandes chez elle et dans ses colonies, la demande de l'Allemagne en denrées coloniales néerlandaises croîtrait dans la même proportion qu'augmenterait la vente des produits fabriqués de l'Allemagne à la Hollande et à ses colonies. Ces relations d'échange sont troublées par le fait de la Hollande, lorsqu'elle vend ses denrées coloniales à l'Allemagne, et s'approvisionne de produits fabriqués en Angleterre, tandis que l'Angleterre, quelque débouché qu'elle trouve en Hollande pour ses objets manufacturés, tire toujours de ses colonies et des contrées qui lui sont soumises la majeure partie des denrées tropicales dont elle a besoin.

L'intérêt de l'Allemagne, par conséquent, exige qu'elle obtienne en faveur de ses produits manufacturés un droit différentiel qui lui assure l'approvisionnement exclusif de la Hollande et de ses colonies, ou, en cas de refus, qu'elle établisse elle-même un droit différentiel à l'importation en faveur des provenances de l'Amérique du Centre et du Sud ainsi que des marchés libres des Indes occidentales [39].

____

39 Cette question des droits différentiels à établir pour développer les relations directes entre l'Allemagne et les pays transatlantiques et pour imprimer à la navigation nationale un nouvel essor, a été au delà du Rhin, il y a quelques années, l'objet de la controverse la plus vive. On se ferait difficilement idée de la masse d'écrits qu'elle a provoqués, sans cependant être jamais résolue. Je citerai comme les plus remarquables ceux de MM. d'Arnim, de Roenne et Duckwitz. M. le baron d'Arnim, qui a laissé les meilleurs souvenirs comme ministre de Prusse à Paris, et qui, après la révolution de Février, a dirigé durant

Cette dernière mesure serait le moyen le plus efficace de provoquer l'accession de la Hollande à l'Association allemande.

Dans l'état actuel des choses, l'Allemagne n'a aucun motif de sacrifier ses fabriques de sucre de betterave au commerce avec la Hollande. Car ce n'est que dans le cas où l'Allemagne pourrait payer avec le produit de ses manufactures les denrées de luxe qui lui sont nécessaires, qu'il lui sera plus avantageux de se les procurer par voie d'échange avec les contrées de la zone torride qu'en les produisant elle-même.

Aujourd'hui, par conséquent, l'Allemagne devrait se préoccuper avant tout d'étendre son commerce avec les

---

quelques mois les affaires extérieures de son pays, proposait que le traité de commerce et de navigation, conclu en 1844 entre le Zollverein et la Belgique et dont il avait été le négociateur, servit de point de départ pour la conclusion d'autres traités avec les divers états des deux Amériques. M. de Roenne, qui présidait alors avec distinction le *Handelsamt*, ou département du commerce de Prusse, depuis nommé ministre à Washington, préférait une simple résolution des gouvernements du Zollverein, d'accord avec ceux du littoral de la mer du Nord, par laquelle les importations directes d'outre-mer auraient joui d'un dégrèvement de 20 p. %. M. Duckwitz, de Brême, qui a été depuis le ministre intelligent et laborieux de l'éphémère empire allemand de Francfort-sur-le Mein, demandait des arrangements entre le Zollverein et les États dissidents du Nord, à l'effet d'adopter un système commun de navigation et une surtaxe sur les produits transatlantiques importés sous pavillons non assimilés. En 1847, des propositions analogues à ces dernières, soumises par le cabinet de Berlin à ces États, y avaient été accueillies avec quelque faveur ; mais Hambourg, dont le sénat publia un mémoire qui fit une certaine sensation, les avait énergiquement repoussées. Elles n'avaient pas, on doit le dire, la majorité des suffrages dans les ports prussiens de la Baltique, dont les opérations maritimes dépassent rarement les limites de la mer du Nord ; elles étaient surtout soutenues par les industriels de l'intérieur, qui espéraient de nouveaux débouchés pour leurs produits. À la suite des événements de 1848, la question a été agitée de nouveau ; les droits différentiels de navigation, au parlement de Francfort, étaient envisagés par leurs partisans sous deux points de vue divers ; les uns y voyaient un moyen de protection pour la marine marchande de l'Allemagne ; les autres, et telle était l'opinion du ministère de l'empire, n'y cherchaient qu'un moyen d'obtenir pour elle des conditions favorables de la part des puissances étrangères. L'acte de navigation britannique de 1849, et après lui la réforme des lois de navigation dans les Pays-Bas, ont créé une situation nouvelle ; aujourd'hui, si les États maritimes de l'Allemagne songeaient à arrêter de concert un acte de navigation, ils ne sauraient guère s'écarter des bases qu'a adoptées l'Angleterre. (H. R.)

Amériques et avec les marchés libres des Indes occidentales. Dans ce but, outre les moyens déjà indiqués, les mesures suivantes se recommandent à elle : l'établissement d'une navigation régulière à la vapeur entre les villes maritimes allemandes et les principaux ports de ces contrées, encouragement de l'émigration vers elles, consolidation des relations amicales entre elles et le Zollverein, développement de leur civilisation.

L'expérience des derniers temps a surabondamment enseigné quel essor immense la navigation régulière à la vapeur imprime au grand commerce. La France et la Belgique marchent déjà sous ce rapport sur les traces de l'Angleterre, sachant bien que tout pays qui reste en arrière pour ces communications perfectionnées rétrogradera nécessairement dans son commerce extérieur. Déjà les places maritimes de l'Allemagne le comprennent ; déjà une compagnie par actions qui s'est formée à Brème est à la veille de construire deux ou trois bateaux à vapeur destinés au commerce avec l'Amérique du Nord. Mais ce n'est pas suffisant. Les intérêts commerciaux de l'Allemagne exigent des relations régulières par bâtiments à vapeur, non-seulement avec l'Amérique du Nord et en particulier avec New-York, Boston, Charlestown et la Nouvelle-Orléans, mais encore avec Cuba, Saint-Domingue, l'Amérique du Centre et du Sud. Pour ces diverses communications, l'Allemagne ne devrait le céder à aucun autre pays. On ne peut méconnaître, à la vérité que les moyens nécessaires à cet effet dépassent les ressources des places maritimes allemandes, et nous inclinons à croire que l'exécution de pareils plans n'est possible qu'au moyen de larges subventions de la part des États du Zollverein. La perspective d'une telle subvention, ainsi que de droits différentiels en faveur de la navigation allemande, devrait être pour ces places un motif puissant d'accession au Zollverein. Si l'on considère le développement que recevraient ainsi l'exportation des produits manufacturés et l'importation des denrées tropicales, par suite les recettes douanières des Etats associés, on ne peut manquer de reconnaître qu'une dépense considérable dans ce but serait un placement avantageux dont il y aurait lieu d'attendre de gros interêts.

La facilité des communications avec ces contrées y encouragerait puissamment l'émigration des Allemands, base excellente d'une extension ultérieure de nos relations avec elles. À cet effet les États associés devraient instituer partout des consuls et des agents, faciliter par leur entremise les établissements et les entreprises des Allemands, et, en général, aider ces pays, par tous les moyens, à consolider leurs institutions politiques et à perfectionner leur état social.

Nous sommes très-loin de partager l'opinion que les contrées de l'Amérique, situées sous la zone torride, offrent moins d'avantages à la colonisation allemande que le climat tempéré de l'Amérique du Nord. Bien que prévenus, nous l'avouons, en faveur de ce dernier pays, et sans pouvoir ni vouloir contester que l'ouest des États-Unis offre à un émigrant allemand isolé, possesseur d'un certain capital, les meilleures chances de se créer un avenir, nous ne devons pas moins déclarer ici que, du point de vue national, l'émigration dans l'Amérique centrale et méridionale, bien conduite et opérée sur une grande échelle, promet à l'Allemagne des avantages beaucoup plus grands. Que sert à la nation allemande la fortune de ses émigrants aux États-Unis, si eux-mêmes sont à jamais perdus pour elle, et si elle ne peut attendue de leur travail que d'insignifiants résultats ? C'est se faire illusion que de croire que la langue allemande se conservera chez les Allemands établis dans l'Union américaine, ou qu'avec le temps il s'y formera des États tout à fait allemands. Nous avons autrefois partagé cette erreur, mais, après dix années d'observation sur les lieux mêmes, nous en sommes revenus. L'assimilation, tant sous le rapport de la langue et de la littérature que sous celui de l'administration et des lois, est dans le génie de toute nationalité, et il est bon qu'il en soit ainsi ; elle caractérise particulièrement l'Amérique du Nord. Quel que soit le nombre des Allemands qui habitent présentement les États-Unis, il n'y en a pas un seul dont les arrière-petit-fils ne doivent préférer l'anglais à l'allemand, et

  LIVRE QUATRIEME: La politique

cela par un motif très-simple, c'est que l'anglais est aux Flats-Unis l'idiome des hommes instruits, la langue des lettres, des lois, de l'administration, des tribunaux, celle du commerce et des relations sociales. Il en sera nécessairement des Allemands aux États-Unis comme il en a été des huguenots en Allemagne et des Français à la Louisiane ; ils se fondront par la force des choses dans la population dominante, les uns un peu plus tôt, les autres un peu plus tard, suivant qu'ils auront vécu entre eux dans une union plus ou moins étroite.

On doit encore moins compter sur des relations actives entre l'Allemagne et ceux de ses enfants qui sont établis dans l'ouest des États-Unis. Le premier colon est toujours obligé de fabriquer lui même la plus grande partie de ses vêtements et de ses meubles, et les habitudes qu'engendre ainsi la nécessité se transmettent généralement jusqu'à la seconde et à la troisième génération. Joignez à cela que l'Amérique du Nord s'adonne avec énergie à l'industrie manufacturière, et qu'elle tend de plus en plus à se suffire à cet égard.

Ce n'est pas à dire, du reste, que le marché américain n'ait pas pour les manufactures de l'Allemagne une grande importance.

Bien au contraire ; à notre avis, c'est un des plus considérables qui existent pour divers objets de luxe et pour des articles d'un transport facile, dans lesquels la main-d'oeuvre est le principal élément du prix ; en ce qui touche ces marchandises, son importance pour l'Allemagne s'accroîtra d'année en année. Ce que nous prétendons, c'est que les Allemands qui vont s'établir dans l'ouest de l'Amérique du Nord ne contribuent pas sensiblement à augmenter cette demande des produits des fabriques allemandes, et que, sous ce rapport, l'émigration dans l'Amérique du Centre et du Sud mérite beaucoup plus et a beaucoup plus besoin d'être encouragée [40].

---

40 Les essais tentés à cet égard depuis la publication du *Système national* ont

Ces dernières contrées sont surtout destinées à produire des denrées tropicales ; jamais elles n'iront loin dans l'industrie manufacturière. Il y a là un marché neuf et vaste à conquérir ; ceux qui y établiront de solides relations les conserveront à tout jamais. Dépourvues de l'énergie morale nécessaire pour parvenir à un plus haut degré de culture, pour fonder des gouvernements réguliers et stables, ces contrées comprendront mieux chaque jour la nécessité d'une assistance du dehors par le moyen de l'immigration. Les Anglais et les Français y sont haïs pour leur arrogance par des peuples jaloux de leur indépendance nationale, les Allemands y sont aimés par le motif contraire. Les États du Zollverein devraient, par conséquent, porter de ce côté toute leur attention.

Il faudrait organiser un bon système d'agents consulaires et diplomatiques allemands en correspondance les uns avec les autres. Il faudrait inviter de jeunes naturalistes à parcourir ces pays et à les faire connaître par des rapports impartiaux, de jeunes négociants à les explorer, de jeunes médecins à y aller pratiquer leur art. Il faudrait appeler à la vie, soutenir par des prises d'actions sérieuses et environner d'une protection particulière des compagnies qui se constitueraient dans les places maritimes pour acheter dans ces contrées de vastes espaces de terres et pour les coloniser avec des Allemands, des sociétés de commerce et de navigation ayant pour but d'y ouvrir de nouveaux débouchés aux produits des fabriques allemandes et d'organise des lignes de paquebots, des sociétés minières qui se proposeraient d'employer les lumières et le labeur des Allemands à l'exploitation d'immenses richesses minérales. Les États associés devraient chercher par tous les moyens possibles à se concilier le bon vouloir des peuples et surtout celui des gouvernements et à l'employer au profit de la sûreté générale, des voies de communication, de l'ordre public ; il ne faudrait pas hésiter même, si c'était un moyen de s'attacher les gouvernements de ces pays, à leur venir en aide par l'envoi de forces auxiliaires respectables.

----

complètement échoué. (H. R.)

　　　　LIVRE QUATRIEME: La politique

La même politique devrait être suivie à l'égard de l'Orient, de la Turquie d'Europe et des pays du bas Danube. L'Allemagne a un immense intérêt à voir régner dans cette région la sûreté et l'ordre, et l'émigration qui se dirigerait de ce côté est la plus facile pour les individus comme la plus avantageuse pour la nation. Avec cinq fois moins d'argent et de temps qu'il n'en coûte pour se rendre aux bords du lac Érié, un habitant du haut Danube peut se transporter dans la Moldavie et dans la Valachie, ou dans la Serbie, ou encore sur la côte sud-ouest de la mer Noire. Ce qui l'attire de préférence vers les États-Unis, c'est le haut degré de liberté, de sûreté et d'ordre qui y règne. Mais, dans la situation où se trouve la Turquie, il ne serait pas impossible aux États allemands, de concert avec l'Autriche, d'opérer dans l'état social de cette contrée des améliorations qui détruiraient les répugnances des colons allemands, surtout si les gouvernements fondaient des compagnies de colonisation, y participaient eux-mêmes et leur prêtaient un appui persévérant.

Il est évident que de pareilles colonisations ne profiteraient à l'industrie des États associés qu'autant que l'échange des produits des fabriques allemandes contre les produits agricoles des colons ne rencontrerait aucun obstacle, et serait convenablement aidé par des voies de communication économiques et rapides. Il est donc dans l'intérêt des États associés que l'Autriche facilite le plus possible le commerce de transit sur le Danube, que la navigation à vapeur de ce fleuve prenne une grande activité, et qu'à cet effet elle soit, au commencement, soutenue avec vigueur par les gouvernements.

Rien, au reste, ne serait plus désirable que de voir le Zollverein et l'Autriche, un peu plus tard, lorsque l'industrie des États associés aurait fait de nouveaux progrès et se serait rapprochée davantage de l'industrie autrichienne, se faire des concessions réciproques sur les produits de leurs fabriques [41].

---

41 L'idée émise dans ce passage est un germe qui a reçu depuis un développement immense. L'Allemagne a été vivement émue des vastes plans du ministre

Après la conclusion d'un traité sur cette base, l'Autriche aurait, avec les Etats associés, un intérêt commun à exploiter les provinces turques au profit de leurs manufactures et de leur commerce extérieur.

En attendant l'accession des villes anséatiques et de la Hollande au Zollverein, il serait à désirer que la Prusse, prenant dès aujourd'hui l'initiative, créât un pavillon de commerce allemand, jetât les bases d'une flotte allemande, et s'occupât de la fondation de colonies allemandes dans l'Australie ou dans la Nouvelle-Zélande, ou dans d'autres îles de la cinquième partie du monde.

Les moyens de faire face à ces essais ainsi qu'aux subventions et aux entreprises que nous avons recommandées devraient être puisés aux mêmes sources où l'Angleterre et la France trouvent des ressources pour venir en aide à leur commerce extérieur et à leurs colonisations, et pour entretenir des flottes puissantes, c'est-à-dire dans le produit des droits d'entrée sur les denrées tropicales. Afin qu'il y ait de l'unité, de l'ordre et de l'énergie dans ces œuvres collectives, les États associés devraient en confier la direction à la Prusse, en ce qui touche le Nord et les relations transatlantiques, à la Bavière, quant au Danube et aux rapports avec l'Orient. Un droit additionnel de 10 p. % sur les objets manufacturés et sur les denrées coloniales à l'importation fournirait déjà chaque année quelques millions. L'accroissement continu de l'exportation de nos produits fabriqués devant avoir pour effet de doubler ou même de tripler avec le temps la consommation des denrées tropicales dans les États associés, les recettes de douane s'élèveraient naturellement dans la même proportion. Les États associés pourraient donc pourvoir convenablement aux dépenses collectives, s'ils décidaient qu'indépendamment des 10

<hr>

autrichien de Bruck pour la préparation d'une union douanière austro-allemande, embrassant une population de 70 millions d'âmes, union à laquelle il a été préludé par le traité du 10 février 1853. (H. R.)

     LIVRE QUATRIEME: La politique

p. % de droit additionnel, une portion de l'accroissement ultérieur du produit des droits d'entrée serait mise à la disposition du gouvernement prussien pour les affecter aux emplois qu'on vient d'indiquer.

Pour ce qui est de l'établissement d'un système national de voies de communication et en particulier de chemins de fer, nous renvoyons à l'écrit où nous avons traité spécialement ce sujet. Cette grande amélioration couvre ses frais par elle-même, et tout ce qu'il y a ici il réclamer des gouvernements peut se résumer en un seul mol, l'énergie [42].

---

42 Les diverses questions économiques et commerciales que l'auteur a abordées dans ce chapitre, sont celles qui, depuis la publication de son ouvrage, ont le plus fortement préoccupé ses compatriotes. (H. R.)

Retrouver un chapitre

LIBERLOG
Editeur n° 978-2-9531251
ISBN 979-10-92732-02-3

Imprimé en France par TheBookEdition.com
113 rue Barthélemy Delespaul
59021 Lille cedex
Au deuxième trimestre 2013

     LIVRE QUATRIEME: La politique